Madeleine Walker
Wie Tiere Menschen heilen

Madeleine Walker

Wie Tiere Menschen heilen

Aus dem Englischen von
Dr. Edith Zorn

Aquamarin Verlag

Titel der englischen Originalausgabe:
Your Pets´ Past Lives
© 2012 by Madeleine Walker
published by Findhorn Press, Forres, Scotland, UK

Deutsche Ausgabe:
3. Auflage 2017
© Aquamarin Verlag GmbH
Voglherd 1
85567 Grafing
www.aquamarin-verlag.de

Übersetzung aus dem Englischen: Dr. Edith Zorn

Umschlaggestaltung: Annette Wagner
unter Verwendung von Mensch und Hund © Tarabalu #25027014 - Fotolia.com

Druck: Ebner & Spiegel • Ulm

ISBN 978-3-89427-623-2

INHALT

Für meinen Vater David, meinen Bruder Andrew und
meine ganze Familie – Tiere und Menschen –
die mein Leben auf vielerlei Weise bereichern.

Ein menschliches Herz, das sich einmal durch die Liebe
erweitert hat, wird nie wieder in
seine frühere Enge zurückfallen können.

– Unbekannter Verfasser –

VORWORT

Zu verstehen, wer wir wirklich sind, und zu bejahen, dass sich unsere Seelen im Laufe zahlreicher Inkarnationen entwickelt haben, ist wichtig für unser Überleben als Mensch und für unseren geistigen Fortschritt. Ich glaube, dass Tiere als unsere spirituellen Lehrer wirken. Wenn wir auf diesem Planeten, den wir unser Zuhause nennen dürfen, überleben wollen, müssen wir begreifen und akzeptieren, dass die Tiere ein Teil von uns und wir untrennbar miteinander verknüpft sind. Wer den Tieren körperlichen oder seelischen Schaden zufügt, schadet dem gesamten Ökosystem der Erde und denjenigen, die sie bewohnen.

In ihrem neuen Buch verbindet Madeleine Walker zwei Konzepte miteinander, die mir am meisten am Herzen liegen. Sie veranschaulicht auf eindrucksvolle Weise, dass Tiere uns nicht nur spirituell belehren und ihr Wohlergehen für uns von größter Wichtigkeit ist, sondern auch, dass sie die Vergangenheit für uns zu heilen vermögen. Sie zeigt, dass die Tiere uns geistig näher stehen, als es dem größten Tierliebhaber jemals bewusst werden mag. Es ist durchaus natürlich, dass wir uns mit bestimmten Tieren besonders eng verbunden fühlen, da diese Tiere buchstäblich ein Funke unserer Seele sind. Sie haben uns während vieler Leben begleitet und oft große Entbehrungen auf sich genommen, um unseren geistigen Fortschritt zu unterstützen und uns in unseren menschlichen Problemen und Nöten beizustehen.

Madeleine hat einen neuen und einzigartigen Weg entwickelt, es Haus- und Wildtieren zu ermöglichen, Aspekte vergangener Inkarnationen, die uns in diesem Leben behindern, zu entwirren. Sie gehört zu den seltenen Menschen, die sich mit ihnen in Verbindung setzen können und von ihnen Dinge über den Planeten und uns selbst in Erfahrung bringen, Lektionen, die uns die Möglichkeit bieten, ebenso wie sie, die Fähigkeit des Lauschens und Hörens zu entwickeln. Sie lehrt uns, Zugang zum Geist unserer Haustiere zu finden und Kontakt zu ihnen aufzunehmen, damit sie uns helfen, „das Drehbuch" unserer Vergangenheit „neu zu schreiben" und dadurch unsere Zukunft zu ändern. Wir dürfen uns glücklich schätzen, dass Madeleine sich bereit erklärt hat, uns mit diesem Buch an ihren Fähigkeiten teilhaben zu lassen.

Ich schlage vor, sich dieser Welt unvoreingenommen und mit offenem Herzen anzunähern und die inneren Möglichkeiten anzuerkennen, was einen völlig neuen, aufregenden und erfüllenden Lebensaspekt mit sich bringen wird. Dieses Buch wird den Leser bereichern und jeden Tierliebhaber, der an die Seelenverbindung zwischen Mensch und Tier glaubt, begeistern und in Erstaunen versetzen. Diejenigen, die erst davon überzeugt werden müssen, dass den Tieren mehr Bedeutung zukommt, als nur dem Vergnügen und der Genugtuung des Menschen zu dienen, sollten es unbedingt lesen. Der Mensch muss für die Botschaften, welche die Tiere ihm senden, erwachen.

Jenny Smedley

Jedes Mal, wenn ich einen Hund verliere, entreißt er mir einen Teil meines Herzens. Jeder neue Hund, der in mein Leben tritt, schenkt mir einen Teil seines Herzens. Wenn ich lange genug lebe, werden alle Teile meines Herzens die der Hunde sein, und ich werde ebenso großzügig und liebevoll wie sie werden.

– AUTOR UNBEKANNT –

EINFÜHRUNG

Hast du jemals darüber nachgedacht, dass die einzige „Person", die dich wirklich versteht oder genau weiß, woher du kommst, dein Haustier ist? Meine Schulzeit war trostlos. Wenn ich mittags nach Hause kam, kuschelte ich mit Rufus, meinem alten Corgi. Er verstand es instinktiv, mich aufzuheitern. Seine Gesellschaft tröstete mich. Entweder er spielte den Hofnarren oder er ließ mich in sein Fell schluchzen. Mit einem wissenden Blick schaute er mir tief in die Augen, als verstehe er genau, was in mir vorging.

Viele Leute berichten mir von der tiefen Seelenverwandtschaft mit ihrem Haustier, von einer Beziehung und bedingungslosen Liebe zu ihm, die stärker ist als zu einem menschlichen Partner. Warum können wir unsere Tiere unvoreingenommen lieben und fühlen diese Liebe auf solch tiefen Ebenen erwidert? Warum sind sie für uns so wichtig? Vor einigen Jahren begann ich, mich für die Traumata aus vergangenen Leben und ihren Einfluss auf unser gegenwärtiges Leben zu interessieren. Ich entdeckte tief in mir vergrabene Probleme, die sich durch das Eintauchen in meine Vergangenheit erklärten. Außerdem entdeckte ich, dass ich Heilfähigkeiten zurückgewinnen konnte, die ich in früheren Leben als Heilerin und Schamanin besessen hatte. Ich bin überzeugt, dass unsere Vergangenheit unsere Gegenwart gestaltet. Damals war mir die tiefere Bedeutung meiner Entdeckungen ebenso wenig bewusst wie die Tatsache, dass sie mich in einen neuen Therapiebereich lenken und meine neuen Tierpatienten mich in den tiefen Verbindungsebenen vergangener Leben unterweisen würden.

Vieles ist geschrieben worden über die menschliche Seele, dass wir beispielsweise in Seelen-„Gruppen" wandern und uns oft in verschiedenen Leben, in unterschiedlichen Konstellationen begegnen. Durch meine Arbeit als Pferdeflüsterin und Tierheilerin hat sich mir ein weitaus umfangreicheres Konzept eröffnet. Die Tiere haben mich gelehrt, dass auch sie mit uns den Weg gehen. Da wir so „verwestlicht" und materialistisch geworden sind, fern von unserem inneren Selbst, mögen sie ein besseres Gespür dafür haben, was nottut, uns auf Seelenebene zu heilen. Ich werde zwar als Tierflüsterin bezeichnet, aber ich glaube, die Tiere helfen mir, sehr viel tiefer zu gehen. Sie haben mich geführt, mit der Seelenessenz von Menschen und Tieren in Kontakt zu treten. Sogar wild lebende Tiere, wie Wale, haben mir geholfen, mich mit der Seele des Planeten in Verbindung zu setzen. Sich mit den Tieren zu verbinden und mit ihnen zu kommunizieren, bringt Dinge an den Tag, die angesprochen werden müssen – in den Tieren selbst und in ihren Eigentümern. Es begegnen mir immer wieder Fälle, in denen Tiere verzweifelt nach einem Weg suchen, um zu helfen. Viele Probleme lassen sich nach einer Reihe von Sitzungen mit den Eigentümern klären.

In diesem Buch werden Tiere beschrieben, die sich bewusst inkarnieren, um ihre Herrchen oder Frauchen bei der Lösung von Problemen zu helfen oder um sie auch weiterhin auf ihrer Seelenreise zu begleiten.

Selbst bei meiner Arbeit mit Wildtieren erstaunen mich deren weise Botschaften für die Menschheit und den Planeten. Das vorliegende Buch enthält zahlreiche Fallstudien über Klienten, denen es gelungen ist, limitierende und destruktive Themen anzugehen und chronische physische Herausforderungen mithilfe ihrer Tiergefährten zu meistern. Die Tiere schwingen mit ihren Besitzern in einer Weise im Einklang, dass sie gegenwärtige und vergangene Traumata hervorzuholen vermögen. Diese Herausforderungen erweisen sich als erdrückend und lähmend und hindern die Person oft daran, ihr wahres Potenzial zu erreichen und Erfüllung zu finden.

Tiere ermöglichen es uns, unsere Emotionen über Tränen freizusetzen. In menschlichen Beziehungen fällt es uns oft schwer zu weinen. Bisweilen vergraben wir unsere Gefühle tief in uns selbst, was sich in körperlichen Beschwerden und gesundheitlichem Verfall bemerkbar macht. Unsere Tiere schaffen es, uns dabei zu helfen, Zugang zu diesen Emotionen zu finden. Obwohl wir glauben mögen, Emotionen in Zusammenhang mit dem Tier auszudrücken, lösen wir in Wirklichkeit die emotionale Spannung, die sich aus den unterschiedlichsten Gründen in uns angestaut hat.

Wie reich beschenken uns doch unsere Tierfreunde, die sich verpflichten, uns immer und immer wieder zu helfen! Einige Vorstellungen in diesem Buch mögen ein wenig weit hergeholt anmuten – so erging es mir jedenfalls selbst, als ich zum ersten Mal darauf gestoßen wurde. Ich schien auf einer Achterbahn der Gefühle aufwärts zu sausen.

Die Tiere haben mich auf eine Entdeckungs- und Lehrreise mitgenommen, meinen Weg unterstützend begleitet und mir neue Techniken gezeigt, wenn ich bereit war, sie anzunehmen. So haben Pferde mich die Seelenrückführung gelehrt, eine uralte schamanische Vorgehensweise einheimischer Heiler. Ein beschädigter, aufgrund eines Traumas abgespaltener Teil einer Person kann zurückgewonnen und die Person auf diese Weise wieder „ganz" gemacht werden. Die Tiere haben mich gelehrt, dass dies auch mit ihnen geschehen kann, entweder in einer vergangenen oder in einer gegenwärtigen Inkarnation.

Sie haben mich ebenfalls gelehrt, negative Energien und Wesen zu beseitigen, die zu physischen und emotionalen Beschränkungen führen. Ich habe vieles über mich selbst entdeckt. Die Weisheit der Tiere und ihre Fähigkeiten, uns zu heilen, machen mich demütig. Ich fühle mich getrieben, ihre Botschaft der Liebe hinauszutragen und die Kraft dieser Botschaft nicht nur für uns, sondern auch für unseren Planeten bewusst zu machen.

(Sam, der Welpe)

Der erste Hund, der jemals zu mir „sprach", war ein Jack Russell Welpe mit Namen Sam. Ich hörte ihn nicht nur deutlich in meinem Kopf reden, was unheimlich genug war, sondern das, was er sagte, verblüffte mich. Er „erzählte", er sei die Reinkarnation des früheren Hundes seiner Besitzerin und zurückgekommen, um ihr in dem schwierigen Leben, das sie gewählt hatte, beizustehen. Dann zeigte er mir, wie er in seinem vergangenen Leben ausgesehen hatte. In diesem Augenblick glaubte ich, verrückt zu sein. Als ich mit der Besitzerin sprach, bestätigte sie alles, was der kleine Hund mir gesagt hatte. Sie zeigte mir ein Foto des früheren Hundes, der genauso aussah, wie ihn der Welpe mir geistig gezeigt hatte.

Als ich die Rolle der Tiere immer besser zu verstehen begann, begegnete ich Fällen, die mir halfen, mein Wissen zu vertiefen. Die Tiere haben mich stets unterstützend begleitet und mir geholfen, die manchmal chronischen emotionalen und physischen Probleme von Tier und Tier-Halter(in) aufzuarbeiten.

Die Fähigkeit der Tiere, uns auf unserem Lebensweg zu helfen, überrascht mich immer wieder, je mehr ich lerne. Als ich mich damals an Rufus schmiegte, wusste ich noch nicht, wie viele Tiere in mein Erwachsenendasein treten und es mit seltsamen neuen Vorstellungen durcheinanderwirbeln würden, die sie mir halfen aufzunehmen, um sie zum Wohle anderer einzusetzen. Wenn mir von einem Tier manchmal ein Trauma aus einem früheren Leben gezeigt wird, frage ich mich, wie ich die Szene erklären oder beschreiben soll – die manchmal äußerst schockierend sein kann. Die Tiere helfen mir, die richtigen Worte zu finden, um sie ihren menschlichen Gefährten auf möglichst sanfte Weise bewusst zu machen. Obwohl anfangs mitunter skeptisch, wird plötzlich tief in deren Inneren etwas in Schwingung versetzt, und sie beginnen, Emotionen oder zunehmend physische Symptome zu spüren. Die Tiere führen uns dann durch einen Loslösungs- und Stärkungsprozess. Die folgenden Kapitel werden dazu beitragen, unsere Tierfreunde in einem anderen Licht zu betrachten und zu erkennen, wie erstaunlich sie sind und warum wir etwas Besonderes für sie sein müssen, da sie mit uns arbeiten wollen. Wir alle sind empfindungsfähige Wesen auf dem Weg. Dank sei Gott für die Unterstützung!

Kapitel 1

WARUM WIRKEN SICH DIE VERGANGENEN LEBEN UNSERER HAUSTIERE AUF UNS AUS?

Immer wieder bitten mich Leute um eine Sitzung, die mit der Beziehung zu ihren Haustieren kämpfen oder von Schuldgefühlen oder Trauer überwältigt werden. Für mich ist dies ein positives Zeichen, da die Tiere uns die Möglichkeit bieten, Zugang zu verdrängten Emotionen zu finden. Wir verstehen es oft meisterhaft, den Dingen einen Deckel aufzustülpen und „tapfer voranzuschreiten". Leider kann diese Vorgehensweise zu physischen Beschwerden führen, da unser Körper versucht, die tief im Inneren verschlossenen Emotionen zu verarbeiten. Erstaunlicherweise sind Haustiere in der Lage, uns zu helfen, Zugang zu Problemen zu finden, die bereits in früheren Leben wurzeln. Gelingt es uns, in die Vergangenheit einzutauchen, findet vieles eine Erklärung, da jene vergangenen Umstände nicht nur dazu beitragen, wie wir uns in unserem gegenwärtigen Leben fühlen, sondern auch unsere Überzeugungen bilden und gestalten. Zeigt uns ein Tier, warum wir in Bezug auf uns selbst gewisse Ereignisse und Impulse in einer bestimmten Weise empfinden, lassen sich Reaktionen wie Angst mit einem Mal verstehen.

Rosanna, Gaia und Fantasia – Botschaft aus Atlantis

Was ihre Katze Gaia betraf, fühlte sich die Italienerin Rosanna sehr schuldig. Sie hatte das Tier zwar gerettet, fühlte sich aber emotional, physisch und finanziell von ihren anderen Tieren überfordert. Die Katzen, die bereits in ihrem Haus lebten, hatten sich geweigert, Gaia einzulassen, weshalb sie draußen in der Scheune lebte. Rosanna bemühte sich vergeblich, die anderen Tiere dazu zu bringen, Gaia zu akzeptieren. Ich nahm mit Gaia Verbindung auf, um ihre Seite der Situation zu hören, damit ich dieser reizenden Dame, die alles daran setzte, Tieren in Not ein Zuhause zu geben, helfen konnte.

Gaia umgibt eine Energie des Verlassenseins, weshalb sie wohl der Geborgenheit eines Zuhauses bedarf. Ich glaube, es ist gut, dass sie sich ein wenig von Ihnen gelöst hat, so dass sie sich in einem neuen Heim besser eingewöhnen wird. Sie dürfen sich nicht schuldig fühlen oder aufregen und müssen zuerst an Ihre anderen Katzen denken. Dass Gaia zu Ihnen kam, ist ein großes Geschenk und steht in Zusammenhang mit einem früheren Leben. Sie hat starke Schuldgefühle in Ihnen geweckt. Sie quälen sich, obwohl Sie das Beste aus der gegebenen Situation machen, um ihr zu helfen.

Es wäre besser für sie, eine dauerhafte und liebevolle Bleibe zu finden, die ihrem Zustand gerecht wird. Sie sollten nicht allzu selbstkritisch sein. In einem früheren Leben haben Sie andere Tiere und auch Menschen vernachlässigt. In diesem Leben scheint es darum zu gehen, dies wiedergutzumachen, indem Sie möglichst vielen Tieren helfen. Aber Sie sollten auch auf sich selbst achten, denn wenn Ihnen etwas zustößt, werden die Tiere darunter leiden. Sie sind ein Engel auf Erden. Gaias Ankunft wirkt wie ein Katalysator, der dies an die Oberfläche bringt. Es ist nicht vorgesehen, dass wir immer alle zusammenleben. Es gibt andere Lösungen. Ebenso wie bei zwischenmenschlichen Beziehungen, muss man sich bisweilen auch von Tieren trennen, damit jeder auf seiner Seelenreise voranschreiten kann. Sie haben Gaia viel Liebe und ein Zuhause geschenkt. Auf einer tieferen Ebene wissen sie beide, dass ihre Begegnung zwar zeitlich begrenzt, aber wesentlich war. Ich persönlich habe oft Tieren ein anderes Zuhause beschaffen müssen, was mir sehr schwergefallen ist, obwohl ich wusste, dass ich richtig handelte. Es hilft, wenn man sich die Frage stellt: „Was ist das Beste für das Tier?" Sie haben sich nichts vorzuwerfen. Gaia hat auch von Ihnen gelernt. Die Erkenntnis, dass sie geliebt und umsorgt wird, war eine wichtige Erfahrung für sie. In ihrer neuen Bleibe wird man ihr besonders viel Zuwendung entgegenbringen.

In einem vergangenen Leben sind Sie Pferdehändler gewesen. Wohin die Pferde kamen, hat sie wenig gekümmert: Hauptsache, der Preis stimmte. Manchmal haben sie dem Besitzer versprochen, ein liebevolles Heim für sein Tier zu besorgen, worauf Sie dann aber letztendlich doch nicht achteten und nur nach dem Gewinn trachteten. Eines dieser Pferde, das Ihnen damals besonders lieb war, scheint jetzt bei Ihnen zu sein. Dieses Tier, das an Ihr Herz rührte, nahm ein übles Ende, was Sie schließlich ihre materialistische und gefühllose Haltung Tieren gegenüber erkennen ließ. Es wurde Ihnen ebenso wie Ihre anderen Tiere und Gaia in diesem Leben erneut geschickt, um sie zu belehren. In Ihrer gegenwärtigen Inkarnation haben Sie sich vorgenommen, Tiere bestmöglich zu umsorgen, aber auch, auf sich selbst zu achten. Manchmal verlangt der Lernprozess, beide Seiten der Medaille zu erleben. In einem meiner früheren Leben habe ich mich Tieren gegenüber sehr unfreundlich verhalten, weshalb ich mich in diesem Leben verpflichtet habe, alles zu geben, um Tiere und ihre Besitzer zu heilen. Die Bereitschaft von Tieren, uns durch ihr eigenes Leiden zu belehren, ist erstaunlich. Seien Sie Gaia dankbar für alles, was Sie von ihr lernen durften. Hören Sie auf sie und erkennen Sie, dass Sie richtig handeln. Sie wird sich in ihrem zukünftigen Heim wohlfühlen. Die Bachblüte Walnut könnte ihr helfen, sich rasch in ihrer neuen Umgebung einzuleben. Diese Essenz wird auch erfolgreich bei traumatisierten, unruhigen Tieren eingesetzt.

Die australische Blütenessenz Bush Fuchsia dürfte Ihnen Ausgeglichenheit und innere Ruhe schenken und dazu beitragen, dass Sie sich in Ihrer augenblicklichen Situation besser fühlen.

Lassen Sie mich wissen, wenn Sie sich in irgendeinem Punkt unsicher fühlen. Ich werde versuchen, diesen eingehender zu erklären. Gaia wird es gut gehen. Vergessen Sie nicht, auf Ihr eigenes Wohlergehen zu achten.

Rosanna erzählte mir nach dieser Sitzung auch von ihrem Pferd Fantasia, und bat mich, eine Verbindung zwischen ihm und Gaia herzustellen.

Heilung, Vergebung, Akzeptanz und Loslösung

Die beiden Schlüsselbegriffe Ihrer Verbindung mit den Tieren lauten „Heilung" und „Loslösung:" Gaia drängt mich, zwei weitere Begriffe hinzuzufügen: „Vergebung" und „Akzeptanz".

Es geht um Atlantis und das Trauma aus dem vergangenen Leben, auf das ich mich in dem vorhergehenden Reading bezog. In jener Zeit habe ich mich Tieren gegenüber unfreundlich verhalten. Fantasia gehört zu den wenigen „goldenen" Pferden aus Atlantis. Sie besitzen ein kastanienbraunes Fell und einen speziellen Haarwirbel irgendwo auf ihrem Körper, in den meisten Fällen auf dem Kopf. Es leuchtet jetzt ein, warum dieses weise Wesen in Gaias Reading auftauchte. Sie machte Sie auf ein besonderes Pferd in Ihrem Leben aufmerksam. Ihre Verbindung zu ihm ist äußerst wichtig. Es lehrt Sie vieles über Sie selbst und meint, dass Sie sich auf tiefer Seelenebene immer noch nicht akzeptieren und verzeihen. Ebenso wie ich, haben Sie sich in diesem Leben verpflichtet, möglichst vielen Tieren zu helfen und Heilung zu bringen und neigen dazu, sich selbst zu vergessen.

Als ich im Roten Meer badete, erhielt ich von den Delphinen einige aufschlussreiche Informationen über ihre Verbindung zu Atlantis. Ich erfuhr, dass auch viele Menschen mit Atlantis verbunden sind. Obwohl wir uns dessen nicht bewusst sein mögen, fühlen wir uns am Untergang von Atlantis mitschuldig, was uns daran hindert, uns auf einer tieferen Seelenebene wirklich zu vergeben. Die parasitären dunklen Energien, die immer noch in unserer DNS wurzeln, müssen jetzt ausgemerzt werden, damit wir die Fehler der Vergangenheit nicht wiederholen. Ich hoffe, dies klingt nicht allzu verrückt. Ich habe Atlantis bislang nicht erwähnt, weil ich mir nicht sicher war, wie Sie darauf reagieren würden. Nachdem ich Ihnen nun begegnet bin, weiß ich, dass Sie sich bemühen werden, die Botschaft und seelische Heilung, die Fantasia und die anderen Tiere Ihnen ermöglichen, zu verstehen.

Im Goldenen Zeitalter, in dem sich alles um Liebe und Heilung drehte, lebten Fantasia und Sie gemeinsam in Atlantis. Zunächst dienten die genetisch angelegten Methoden zur Heilung von Krankheiten der verschiedenen Spezies. Aber dann überwältigte uns die Machtgier. An dieser Veränderung war ich nicht unmittelbar beteiligt, aber ich unternahm auch nichts, um ihr Einhalt zu gebieten, als sie außer Kontrolle geriet. Fantasia meint, Ihre Absichten seien zunächst durchaus ehrenwert gewesen, aber als Sie das daraus entstehende Leid und den Niedergang der Zivilisation erkannten, war es zu spät. Ich hoffe, dies klingt nicht zu verwirrend. Fantasia bemüht sich verzweifelt, es Ihnen zu erklären. Ihre Hufe scheinen diese Zeilen förmlich zu tippen. In Ihrem Leben als Pferdehändler mussten Sie Fantasia erneut begegnen, damit sie auf Ihre Verhaltensweise und Ihr Verständnis Tieren gegenüber einwirken konnte.

Ich persönlich sehe mich genötigt, meine Schuld aus der damaligen Zeit aufzuarbeiten, da ich immer noch dafür zu büßen scheine. Von Fantasia habe ich erfahren, dass es Ihnen ebenso ergeht. Alles, was Sie erlitten haben, steht in Zusammenhang mit der Bestrafung, die Sie sich selbst auferlegen. Nochmals danke ich ihnen dafür, denn ich muss mich derselben Situation stellen! Es wird uns niemals gelingen, geheilt und um unserer selbst willen geliebt zu werden, wenn wir diese Dinge nicht lösen und loslassen. Ich glaube, viele Tierliebhaber, die sich für ihre Tiere verausgaben, versuchen, Traumata und Schuldkomplexe der Vergangenheit zu kompensieren.

Setzen Sie sich still zu Fantasia und „erzählen" ihr, dass Sie verstehen, warum diese Aspekte an die Oberfläche getreten sind. Bitten Sie sie, Ihnen dabei zu helfen, sie loszulassen. Ich bin sicher, sie wird Ihnen gerne beistehen. Aus einem liebevollen Herzen heraus können Sie Ihre Bitte laut aussprechen oder in Gedanken formulieren. Vielleicht stellen Sie sich vor, beide von dem rosafarbenen Licht bedingungsloser Liebe und Vergebung eingehüllt zu werden, während sie vom Tod in jenem traurigen Leben zum Licht aufsteigen. Lassen Sie sich führen.

Fantasia

Fantasia erklärt, dass nichts aus der Vergangenheit jetzt noch eine Rolle spielt. Es geht darum, wie wir uns heute dem Planeten und seinen Bewohnern gegenüber verhalten. Angesichts dieses gewaltigen Konzepts mögen Sie sich klein und unbedeutend vorkommen. Dennoch, mit Ihrer Arbeit und Liebe sind Sie auf dem richtigen Weg, um das Bewusstsein für die Botschaft und die Bedürfnisse unserer wunderbaren spirituellen Pferde zu heben.

Gaia und Fantasia sprechen von einem schwarzen Pferd, das viel Hilfe benötigte, Sie aber auch vieles gelehrt hat. Ich glaube, dieses Pferd stellte Ihre früheren Überzeugungen in Frage, wie man Pferde reiten und behandeln sollte. Gaia wurde Ihnen geschickt, um Schuldgefühle in Ihnen zu wecken. Sie weiß nicht, wie alt sie ist, wohl aber, dass sie im Sternzeichen Fische geboren wurde, ein Zeichen für die Verbindung zu den Meeresenergien von Atlantis. Ich fühle, dass sie zuvor bei jemandem lebte, der weggezogen ist und weder auf ihre Bedürfnisse achtete noch sich um ein neues Zuhause für sie kümmerte. Ich freue mich, dass Sie Ihre Probleme aufgearbeitet haben, indem Sie Gaia bei sich behielten. Fantasia liegt mehr daran, dass sich dieses Reading auf einer höheren Stufe bewegt. Sie mag es nicht, wenn ich innehalte und nach Alter und dergleichen frage, und erklärt, dass solche Dinge unwichtig sind. Wichtig sei nur, ihre Botschaft zu verstehen und dementsprechend zu handeln.

Lassen Sie mich wissen, was geschieht, wenn Sie still bei ihr sitzen. Denken Sie an das rosafarbene Licht und beobachten ihre Gefühle.

Viel Liebe für Sie und Ihre wunderbaren Tiere!"

Lasse es zu, dass ein Pferd in dein Ohr flüstert und auf dein Herz atmet....du wirst es niemals bereuen.

Chloe und Sue – Heilungsschmerz

Kürzlich wurde ich zu einem Pferd gerufen, das sich für den Tod seiner jetzigen Besitzerin, Sue, in einem früheren Leben verantwortlich fühlte und zurückgekehrt war, um dieses Trauma zu heilen und die Sicherheit seiner Besitzerin in diesem Leben zu gewährleisten. Sue bat mich, nach ihrem Pferd Chloe zu schauen, das sich mürrisch und manchmal auffallend griesgrämig verhielt. Sue, die Chloe geradezu anbetete, hatte das Pferd bereits als junges Fohlen bekommen und immer gut behandelt. Ich fragte sie, was sie empfunden habe, als sie das Pferd zum ersten Mal sah. Es war wohl sofort auf sie zugekommen und hatte sie angestupst, als wollte es sagen: „Nimm mich mit!" Sue hatte nicht beabsichtigt, ein solch junges Pferd zu kaufen, aber etwas in Chloes Ausdruck hatte sie bewogen, die Stute mit auf ihre Farm zu nehmen.

Als ich vorsichtig den Stall betrat, legte Chloe die Ohren zurück und zog ein unwirsches Gesicht. In meinem Kopf hörte ich sie sagen: „Sie versteht mich nicht. Ich muss mich selbst beweisen. Ich muss ihr zeigen, dass ich sicher bin und sie liebe!" Chloe war erst zwei Jahre alt, zu jung, um geritten zu werden. Der Grund für ihre Gemütsschwankungen schien in dem Empfinden zu liegen, dass man ihr keine Chance gab zu zeigen, dass sie sensibel war und Sue beschützen würde. Die arme Chloe zeigte mir jenes schreckliche Ereignis aus ihrem gemeinsamen vergangenen Leben. Sie hatte Sue einen steilen Gebirgsweg hinaufgetragen und den Halt verloren. Beide stürzten. Sue hatte das Rückgrat gebrochen und wurde unter Chloe zerdrückt. Beide kamen ums Leben. Chloe erzählte mir, dass sie sich ganz allein für Sues Tod verantwortlich fühlte. Ihr tiefer Kummer trieb mir Tränen in die Augen. Von ihr erfuhr ich auch, dass Sue in ihrem jetzigen Leben unter starken Rückenproblemen litt. Sanft berührte Chloe Sues Wirbelsäulenbasis, um mir zu zeigen, wo der Schmerz saß. Sue weinte, als sie erfuhr, was mir ihr Pferd erzählt hatte. Sie spürte seine tiefe Verzweiflung und war sehr überrascht, dass Chloe die genaue Stelle ihrer Rückenoperation angeben konnte. Sue war die Unruhe aufgefallen, die Chloe ergriff, wenn die übrigen Pferde im Hof geritten wurden. Chloe verriet mir, dass sie einfach dabei und „erwachsen sein" wollte. Abgesehen von dem Gefühl, zurückgelassen zu werden, bekümmerte es sie, dass man ihr nicht die Gelegenheit bot zu beweisen, welch sicheres Pferd sie war.

Sue versprach Chloe, sie auf der Straße an der langen Leine zu führen, damit sie ihre Sensibilität unter Beweis stellen konnte. Aber da war noch ihr Rückenproblem. Plötzlich beugte Chloe den Kopf und legte ihre Schnauze auf Sues Wirbelsäulenbasis, schloss die Augen und schien tief einzuatmen. Dann blies sie den sanften, warmen Atem auf die schmerzhafte Stelle. Chloes Augen waren halb geschlossen. Ich konnte ihre Anspannung sehen und spüren, als sie ihren Atem auf Sues schmerzhaften Rückenbereich konzentrierte. Auf meine Frage, meinte Sue, dass sich ihr gesamter Rücken warm, fast glühend, anfühlte und als ob scharfkantige Kristalle zu schmelzen begannen. Die Rückenschmerzen verloren sich. Ich bat Sue, sich vorzustellen, Chloe ohne Sattel zu reiten und über eine wunderschöne Wiese zu galoppieren. Chloe drängte mich hervorzuheben, wie trittsicher sie war, und Sue darauf hinzuweisen, wie sicher sie sich fühlte. Ich visualisierte diese Szene und spürte Chloes Erleichterung. Ihre Augen schienen sanfter zu blicken und ihr gesamter Ausdruck zufriedener zu sein. Sie war glücklich, dass sie ihre Geschichte erzählen durfte und Sue jetzt wusste, warum sie so deprimiert erschienen war. Die Aussicht, dass man ihr zutraute, sich auf der Straße zu benehmen, erfüllte sie mit Freude. Sie blickte dem Tag entgegen, an dem sie gesattelt und geritten werden würde. Ich umarmte Chloe und verabschiedete mich. Später erfuhr ich, dass Sue keine Schmerzmittel mehr nahm. Seit jenem Tag, an dem Chloe sie heilte, war sie schmerzfrei.

Phiff und Karen – Die Entdeckung verborgener Talente

Bei einem meiner Besuche in Frankreich bat man mich, mit einem Pferd namens Phiff zu sprechen. Aufgrund seiner Trennungsangst bereitete es seiner Besitzerin, Karen, große Schwierigkeiten. Wenn sein Gefährte ausgeritten wurde und Phiff alleine auf der Koppel zurückblieb, vermochte ihn nicht einmal der Esel zu beschwichtigen, der sich zu ihm gesellte. Kläglich wiehernd jagte Phiff über das Feld, galoppierte bergab und raste gegen den Zaun. Er befand sich ständig in Gefahr. Sperrte man ihn in den Stall, versuchte er zu entkommen oder ihn zu zertrümmern. Seine Unberechenbarkeit ließ es nicht zu, dass man ihn ausritt. Daher hatte man für Karen Solo, ein sanftes braunes Reitpferd, gekauft, das Phiffs Freund wurde.

Phiffs Problem verdarb leider jede Beziehung. Karen hatte ihn aufgenommen, weil der frühere Besitzer seine Unberechenbarkeit fürchtete. Karen hoffte, ihn beruhigen und eine harmonische Beziehung zu ihm aufbauen zu können, was bislang nicht geschehen war. Wieder einmal verblüffte mich das vom GEIST so wunderbar gefügte Zusammenspiel der Begegnungen.

Als ich bei Karen eintraf, begrüßte mich eine Schar aufgeregt mit dem Schwanz wedelnder Hunde und schnurrender Katzen. Sie alle hatten etwas zu sagen. Ich musste sie bitten, nicht alle auf einmal zu reden, was mich telepathisch geradezu betäubte, sondern einer nach dem anderen seine Sache vorzutragen. Sie deuteten an, dass Karen das Problem mit Phiff endgültig angehen müsse. Seine dramatische Verhaltensweise ließ eine Lösung des Problems jetzt zu. Karen selbst fragte sich, warum sie Phiff überhaupt übernommen hatte, obwohl sein Ruf alles andere als gut war. Sie hatte einfach zugesagt, ohne zu wissen warum, was darauf hindeutete, dass eine höhere Ordnung ihre Hand im Spiel hatte. Die Situation wurde erst klar, als ich zur Koppel ging und Phiff, seinem Freund Solo und dem reizenden Esel mit den größten und flauschigsten Ohren, die ich jemals gesehen hatte, begegnete.

Phiff und Karen

Phiff weckte sofort ein Gefühl von Angst in mir, als ich mich auf sein Energiefeld einstimmte. Er vermittelte mir das Bild eines Ritters in seiner Rüstung und ihn als großes schwarzes Kavalleriepferd. Er zeigte mir Solo, einen schweren Braunen, auf dem ein anderer Ritter saß. Ich fühlte, dass Karen Phiffs Reiter gewesen war. In einer Burg waren sie in einen Hinterhalt geraten. Sie hatten versucht zu entkommen und in die sicheren Wälder zu entfliehen, wo Solo und sein Reiter auf sie warteten. Unglücklicherweise waren sie in dem Burggraben zu Tode gestürzt, als sie versuchten, von der Festungsmauer zu springen. Ihr Leben hatte geendet, weil Phiff nicht zu Solo zurückkehren konnte, was seine Verzweiflung in diesem Leben teilweise erklärte. Ich fragte Karen, ob sie sich für das

Mittelalter interessierte, da man sich manchmal zu einer bestimmten Zeit und einem bestimmten Land hingezogen fühlt, wenn man in einer vergangenen Inkarnation einmal dort gelebt hat. Sie erzählte mir von einem seltsamen Erlebnis, das sich erst kürzlich ereignet hatte und das sie nicht einzuordnen wusste.

Vor einem Monat hatte man sie zu einem Historienspiel und Turnier eingeladen. Ohne zu wissen warum, hatte sie teilgenommen. Sie selbst und die Zuschauer waren erstaunt, mit welcher Leichtigkeit sie die Lanze führte. Sie schien instinktiv zu wissen, wie sie vorgehen musste, und schwang sie mühelos und mit großem Können. Nun verstand sie, warum es ihr so leicht von der Hand gegangen war. Als Ritter in einem früheren Leben war sie daran gewöhnt gewesen.

Ohne weitere Einzelheiten anzugeben, bat ich sie, in dieses vergangene Leben einzutauchen. Sie beschrieb genau, wie sie und Phiff ausgesehen hatten, und schilderte das Gefühl der Verzweiflung und Angst, als sie den Verrat erkannt hatte. Ich schlug ihr vor, sich einen glücklicheren Ausgang des Geschehens vorzustellen. Phiff war inzwischen ganz still geworden. Mit geschlossenen Augen atmete er tief und ruhig ein, so als sehe er einem besseren Ende entgegen. Karen stellte sich innerlich vor, dass sie rechtzeitig entkamen und in Windeseile in den sicheren Wald galoppierten, wo ihr Freund auf sie wartete.

Ich fühlte, dass Phiff und Solo damals bereits als Fohlen zusammen gewesen sein mussten, was auch die enge Beziehung in diesem Leben erklärt. Ich bat Karen, sich dem Gefühl der Erleichterung über die geglückte Flucht und die Wiedervereinigung völlig hinzugeben. Sie war emotional aufgewühlt. Phiff begann herzhaft zu gähnen, was die lange in seinem Körper aufgestauten Verspannungen löste. Karen gestand, dass sie sich sehr kraftlos gefühlt hatte und es ihr stets an Vertrauen gemangelt habe. Nun fühlte sie sich plötzlich kraftvoller und selbstsicherer und blickte bestimmten Herausforderungen gelassener entgegen. Mit anderen Worten, sie vertraute auf einen besseren Ausgang als sie ursprünglich befürchtet hatte. Wir gaben Phiff zu verstehen, dass er und Solo niemals mehr getrennt werden würden und Solos Ausritt nur vorübergehend sei. Karen hoffte sogar, dass sich Phiff so weit beruhigte, um ihn eines Tages reiten zu können. Dann wollte sie für Solo einen anderen Reiter suchen, damit sie gemeinsam unterwegs sein konnten.

Karen schien nun ihren Fähigkeiten Vertrauen zu schenken, was sich auf Phiff übertragen würde. Denke ich daran, was sie mir von dem mittelalterlichen Turnier erzählte, an dem sie teilgenommen hatte, frage ich mich, ob nicht tief in jedem von uns Talente aus längst vergangener Zeit schlummern. Wer weiß, was sich herauskristallisiert, wenn man in ein früheres Leben eintaucht.

Raoul und Kate – Zurück zu den Ebenen

Nicht alle früheren Leben sind traumatisch oder bedürfen der Heilung. Ich besuchte ein sehr unruhiges Pferd namens Raoul, ein erstklassiges Dressurpferd, das in seiner Heimat Spanien brutal behandelt worden war. Man hatte es zu absolutem Gehorsam und vollkommener Unterwürfigkeit abgerichtet, so dass es sich weder auf natürliche Weise zum Ausdruck zu bringen vermochte noch sich seiner wahren Identität bewusst war. Es reagierte wie ein Roboter und wagte nicht, sich anders zu verhalten, aus Furcht vor den verheerenden Konsequenzen. Man hielt ihn als Zuchthengst im Stall und erlaubte es ihm nur selten, nach draußen zu gehen. In diesen seltenen Fällen stand er in einem schmutzigen Gehege. Er besaß keinerlei soziale Fähigkeiten, da er sich niemals unter andere Pferde mischen durfte. Als man ihn für untauglich hielt, dem Konkurrenzdruck standzuhalten, verkaufte man ihn. Man hatte ihn kastriert. Er war niedergeschlagen und klapperdürr, als

31

er gerettet und nach England gebracht wurde, wo er mit seiner jetzigen Besitzerin, Kate, lebte. Da sie gerade erst begonnen hatte, die Reitkunst zu erlernen, und sich nur ein glückliches Pferd wünschte, machte es eigentlich keinen Sinn, ein hochgeschultes, psychisch schwer beladenes Dressurpferd zu kaufen. Aber ein Blick genügte. Sie wusste es einfach, dass sie und Raoul zusammen sein mussten.

Nun begann der langwierige Prozess, Raoul aus seiner Depression herauszuholen und ihm ein Gefühl der Sicherheit zu vermitteln, um sich selbst zum Ausdruck bringen zu können. Er war völlig verspannt. Führte man ihn aufs offene Feld oder ins Moorland hinaus, litt er unter Platzangst. Alles ängstigte ihn. Stellte man den Wassereimer nicht an seinen gewohnten Platz, war er außer sich. Man hatte versucht, ihn mit homöopathischen Mitteln zu behandeln, um seiner Furcht Herr zu werden, doch diese hatten das Gegenteil bewirkt und die Problematik noch stärker an die Oberfläche gebracht. Man konnte dies einerseits auch als positives Zeichen betrachten, da für mich die Zeit gekommen war, ihm zu helfen, seine Ängste zu bewältigen. Nicht alle Tierärzte sind offen für eine Zusammenarbeit. Ich bin der Meinung, dass die konventionelle Behandlung durch andere Therapieformen ergänzt werden sollte, um die Gesundheit unserer Tiere wiederherzustellen. Sie verdienen es, dass wir einen Weg finden, ihnen in irgendeiner Weise beizustehen.

Als ich eintraf, wollte Raoul nicht in die Scheune kommen, da meine Anwesenheit nicht zu seiner täglichen Routine gehörte. Er ängstigte sich. Ein anderes Pferd, Vidar, ging voran. Schließlich ließ sich Raoul überreden, zu mir hereinzukommen. Ich öffnete mein Herz, um mit ihm in Kontakt zu treten, und brach in Tränen aus, als ich die Woge der Traurigkeit in ihm fühlte. Ich spürte, dass es ungeheuer wichtig war, dass er und Kate sich gefunden hatten, da sie lernen musste, Verbindung zur Natur aufzunehmen und die Feinheiten seiner inneren Rhythmen zu bemerken. Sie erzählte mir, dass sie Pferde stets geliebt hatte. Ihre Familie dagegen empfand keine besondere Zuneigung für Tiere. Sie hatten vorwiegend in der Stadt gelebt, in der sich Kate fremd fühlte, ohne zu wissen warum.

Telepathisch zeigte Raoul mir ein früheres Leben als Pony bei den Ureinwohnern Amerikas – mit Kate als jungem Krieger. Er vermittelte mir ein wundervolles Bild von weiten Ebenen und Freiheit. Ich wusste, sie mussten beide zu diesem Leben und zu diesem Gefühl von Freiheit und Furchtlosigkeit Kontakt aufnehmen. Er zeigte mir den jungen Mann, der ohne Sattel auf dem schwarz-weißen Pony saß, die Arme ausgestreckt, als wolle er die Sonne grüßen, erfüllt von tiefem Frieden und eins mit der Natur, ehe sie in fröhlicher Unbekümmertheit davongaloppierten. Ich fragte Kate, ob sie sich irgendetwas aus jenem Leben vorstellen könnte. (Ich lasse immer zuerst das Pferd eine Beschreibung der Person geben. Wenn diese beschreibt, was das Pferd mir gezeigt hat, weiß ich, dass wir auf dem richtigen Weg sind.) Kate berichtete, dass sie als junger Mann mit bloßen Beinen rittlings und ohne Sattel auf ihrem schwarz-weißen Reittier gesessen hatte. Ich ermutigte sie, sich zu erinnern, was sie dabei gefühlt hatte. Sie empfand Frieden und Freiheit. Ich bat sie, dieses Gefühl in jede Körperzelle hineinzuatmen. Die Kraft dieser Erfahrung zauberte ein Lächeln in ihr Gesicht. Ich forderte sie auf, dieses Bild Raoul zu vermitteln, damit sie beide diese Energie in ihrem gegenwärtigen Leben zusammenbringen konnten. Raoul begann zu gähnen und sein Gesicht zu verziehen, ein Zeichen dafür, dass sich die aufgestaute Spannung und Angst in seinem tiefen Inneren allmählich lösten. Er schien sehr viel ruhiger zu werden. Kate gewann ihre Einheit mit der Natur zurück. Als Abrundung der Sitzung schlug ich einige australische Blütenessenzen vor und wartete, von Raouls Fortschritten zu hören.

In diesem Fall mussten Raoul und Kate bewusst ihr früheres Leben betrachten, um die Erfahrungen zurückzuholen, nicht um sie zu verändern. Es handelte sich um eine Verbundenheit, frei von Beschränkungen. In dieser Inkarnation bestand ihre Lektion wohl darin, die auferlegten Begrenzungen und Loslösungen zu überwinden und die Freude wiederzuentdecken, vollkommen eins mit sich selbst und dem Planeten zu sein.

Kate schrieb mir nach meinem Besuch:

Nachdem du uns am Freitag verlassen hattest, führte ich die Pferde auf die Koppel. Wie immer, beobachtete ich Raouls Verhalten. Meistens rennt er kurz los oder spielt mit Vidar. Dieses Mal galoppierte er davon, drehte sich um und galoppierte zurück, was er viermal wiederholte. Aber das war nicht alles. Während einer dieser Sprints sprang er mit ausgestreckten Hinterbeinen in die Luft, wie die Lipizzaner in der Hofreitschule von Wien. Er schien sich frei gesprungen zu haben und blickte überaus glücklich drein.

Auch ich fühle mich glücklicher. Ich scheine die Antwort auf meine Art zu fühlen und zu denken, die sich von der anderer Menschen stark unterscheidet, gefunden zu haben. Ich akzeptiere mich so, wie ich bin, und fühle mich sicher. Dafür danke ich dir.

Ich bemühe mich auch weiterhin, die Dinge zu visualisieren. Wenn die Jungs in der Scheune stehen, zappelt Raoul gerne herum. Das letzte Mal stellte ich mich neben ihn und versuchte, ihn in Gedanken in die richtige Position zu bringen. Zunächst bewegte er sich nicht, aber plötzlich begann ich, ihn mir dort vorzustellen, wo ich ihn haben wollte. Vidar schubste ihn am Hinterteil, als wolle er sagen: „Nun mach schon so, wie sie es will!" Augenblicklich nahm er die richtige Position ein. Vielleicht ist es ein Zufall, aber erstaunlich ist es schon. Mag sein, dass es daran liegt, dass ich mich verändert habe.

Heute Morgen passierten Raoul und ich zum ersten Mal eine recht unheimliche Stelle. Früher wäre er in Panik geraten und umgekehrt. Ich spüre deutlich die innere Ruhe und Zuversicht, die mir zuvor fehlten. Ich bin sicher, dieses Empfinden habe ich dir zu verdanken.

Kate

Meiner Ansicht nach war es Raoul, der zu Kate zurückkehren wollte, um sich erneut mit ihr zu verbinden. Sind Tiere nicht wunderbar?

Kapitel 2

GEHÖREN TIERE IM LAUFE IHRER INKARNATIONEN IMMER DERSELBEN ART AN?

Als ich anfing, mit Pferden zu arbeiten, stellte ich fest, dass sie auch in ihren vorangegangenen Inkarnationen fast immer der Pferde-Familie angehörten, wenn auch nicht unbedingt als Pferd. Ich sah Maultiere, Zebras und sogar einen winzigen vierzehigen Eohippus, den Urahn unserer heutigen Pferde. Ich nahm an, dass diese Tatsache für alle Arten zutraf, bis mir ein befreundeter Tierarzt von einem Welpen erzählte, der die Reinkarnation eines Fohlens war, das die Familie erst kürzlich verloren hatte. Diese Möglichkeit war mir völlig neu, und ich betrachtete sie zunächst recht skeptisch. Doch dann beschlossen die Pferde offensichtlich, dass es an der Zeit war, mich zu belehren. Während einer Demonstration vor einer Gruppe von Studenten verkündete die Stute, mit der ich arbeitete, sie habe in einem früheren Leben die östliche Heilkunst beherrscht, was bedeutete, dass sie ein Mensch gewesen sei. Zunächst musste ich schlucken, doch als ich diese Möglichkeit akzeptierte, begegneten mir die unglaublichsten Fälle. Ich begann zu verstehen, dass wir auf Seelenebene den Träger wählen können, der unseren Bedürfnissen für unsere Seelenentwicklung am besten dient. Die folgende Geschichte zeigt, inwieweit sich die Vergangenheit die Wurzeln für die Probleme unserer gegenwärtigen Inkarnation schafft.

Rowena und Kizzie – irische Wurzeln

Rowena sorgte sich um ihre Katze Kizzie, die ununterbrochen maunzte. Obwohl sie nicht nervös zu sein schien, gewann man den Eindruck, dass sie ständig am Ende war. Sie starrte Rowena an als versuche sie, ihr etwas mitzuteilen, und hoffte, wenn sie lange und laut genug maunzte, würde Rowena ihre Botschaft erfassen.

Als sich Rowena in meinem Sprechzimmer niederließ, maunzte Kizzie laut aus ihrem Korb am Boden. Mir fiel Rowenas Magerkeit auf. Sie gestand, dass sie sich am Ende fühlte, so als ob jeden Augenblick ein Unglück geschehen könne. Sie ängstigte sich um ihren Sohn und war nicht in der Lage, diese unerklärliche Furcht von sich zu weisen. Mir kam der Gedanke, dass Kizzie vielleicht versuchte, ihr dabei zu helfen, diese Furcht zu heilen, und diesen Lärm veranstaltete, um sie zu zwingen, Hilfe zu suchen, das Problem endlich zu lösen. Wir befreiten Kizzie aus ihrem Korb. Sie setzte sich still vor Rowena und blickte zu ihr empor. Sie wollte uns wohl zu verstehen geben, was los war. Mit einem Mal sah ich das Bild einer armen irischen Familie, die ums Überleben kämpfte. Schluchzend kniete die zerlumpte Mutter mit ihren beiden Kindern am Boden. Sie waren erschreckend abgemagert. Kizzie „erzählte" mir, dass sie in jenem Leben Rowenas Bruder und ihr jetziger Sohn James ihre damalige Mutter gewesen seien. Unschlüssig, wie ich Rowena diese Nachricht nahebringen sollte, meinte diese plötzlich: „Ich glaube, Kizzie war damals ein Mensch – und James war ebenfalls dort." Ich hielt es für angebracht, ihr vorzuschlagen, sich die damalige Szene vorzustellen. Zu meiner Überraschung „sah" sie genau dasselbe, was Kizzie mir zuvor gezeigt hatte. Je eingehender sie das schreckliche Elend der Familie beschrieb, desto mehr schnürte ihr der Gram, der wie ein Kloß im Hals steckte, die Kehle zu.

Unter Tränen erzählte sie, wie sie alle gestorben waren. Währenddessen saß Kizzie mucksmäuschenstill und führte uns. Ich nahm ein Bild der betenden Familie wahr, die versuchte, einen Fruchtbarkeitstanz zu tanzen. Als sie sich gegenseitig umarmten, umhüllte sie eine wunderschöne Aura der Liebe. Ich bat Rowena, sich dieses Bild vorzustellen und die Liebe zu fühlen. Die Bilder überströmten sie, und sie vermochte die reichhaltige Ernte zu visualisieren, die sie alle überleben ließ. Die Enge in ihrer Kehle löste sich und verschwand völlig. Sie empfand große Erleichterung. Sie war niemals fähig gewesen, viel zu essen, aus Furcht, es könnte nicht reichen, obwohl ihre Familie in diesem Leben keineswegs arm war. James schien trotz seiner Jugend sehr sensibel und seiner Mutter gegenüber sehr fürsorglich zu sein. Rowena, die völlig akzentfrei sprach, erzählte mir dann, dass ihre Familie aus Irland stamme.

Romas Geschichte

Pam erzählt von ihrer sechsjährigen Schäferhündin Roma und ihrem gemeinsamen Weg im Laufe der Zeiten:

Gemeinsam mit meiner Schäferhündin Roma und meinem anderen Hund verließ ich Afrika und zog nach Frankreich.

Im vergangenen Jahr bat ich Madeleine um ein Reading, da sich Roma seit ihrem vierten Lebensmonat anderen Tieren gegenüber äußerst aggressiv verhielt. Sie scheint nicht wirklich kämpfen, sondern sie lediglich verscheuchen zu wollen, was ihr leider immer gelungen ist. Als Hundetrainerin habe ich alles versucht, sie davon abzubringen, mit Halsband, Blütenessenzen und Nahrungsergänzungsmittel, aber ohne Erfolg. Wir drehten uns im Kreise. Es wurde immer schlimmer. Seit ich aufgrund von Rückführungen einige persönliche Probleme zu lösen vermochte, begann ich, mich mehr mit diesem Thema zu befassen. Vielleicht gab es etwas in einer meiner früheren Inkarnationen, das uns beide belastete. Daher schickte ich Madeleine ein Foto und eine Haarprobe.

Anhand des Fotos konnte sie sehen, dass wir einst Löwen gewesen waren, Roma die Löwenmutter und ich ihr Junges. Roma hatte es nicht verhindern können, dass ein Löwe mich raubte. Sie war verzweifelt, dass sie mich verlor, und glaubte, versagt zu haben. Daher verhält sie sich in diesem Leben überbesorgt, um eine Wiederholung zu vermeiden. Als ich Madeleines Reading las, dachte ich: „Um Himmels willen, mit wem habe ich mich da eingelassen!" Ich antwortete ihr, dass Roma in Kenia geboren wurde und ich mit ihrer Vergangenheit als Löwin kein Problem hätte, wohl aber mit der Vorstellung, dass Menschen sich als Tiere reinkarnierten. Andererseits musste ich zugeben, dass Roma außer sich ist, wenn sie ein anderes Tier sieht.

Madeleine antwortete sehr ausführlich. Sie berichtete von einem Pferd, das in einem früheren Leben Kavallerieoffizier gewesen sei. Das Blutbad, das man unter seinen Pferden angerichtet hatte, widerte ihn dermaßen an, dass er sich mehrmals als Pferd reinkarnierte, um dasselbe Schicksal zu erleiden. Madeleines Ansicht zufolge können wir wählen, in welcher Form wir uns inkarnieren, um unsere Seelenlektionen zu erlernen. Ich war erleichtert. Auf ihren Vorschlag hin nahmen Roma und ich die Blütenessenz Honeysuckle, die den Loslösungsprozess von der Vergangenheit unterstützt.

Wenige Tage später beschloss ich, Roma eine Reiki-Behandlung zu verabreichen. Im Laufe der Sitzung begannen bestimmte Emotionen in mir aufzusteigen, deren Ursprung ich nicht zuordnen konnte. Ich nahm innerlich das Bild einer Löwin wahr, die ihr Junges im Maul trug. Es durchströmte mich eine Woge der Liebe für sie. Aber es quoll auch Wut in mir hoch. Ich meditierte. Es gelang mir, diese Emotion, die wohl in meinem abrupt abgebrochenen Leben wurzelte, loszulassen.

Tränenüberströmt beendete ich die Behandlung. Roma, die währenddessen keinen einzigen Muskel bewegt hatte, stieß einen tiefen Seufzer aus.

Romas Augen

Da ich mir immer noch nicht sicher war, einst ein Löwenjunges gewesen zu sein, schrieb ich einer mir bekannten Hellseherin, ob sie jemals Löwen in meinem Umfeld wahrgenommen hatte. Sie verneinte, wunderte sich jedoch, dass sie während der ganzen Woche ununterbrochen Löwen gezeichnet hatte. Sich auf mein Energiefeld einstimmend, nahm sie einen kürzlich erfolgten positiven Loslösungsprozess wahr, ein Beweis dafür, dass ich mir jene Erfahrung nicht eingebildet hatte.

Daraufhin beschloss ich, einen Schritt weiterzugehen und mich auf das Leben des Löwenjungen einzuschwingen. Es fiel mir nicht schwer. In meinem Inneren tauchte das Bild der ostafrikanischen Ebene, wohl die Serengeti, auf, ein Ort, den ich aus mir unerklärlichen Gründen stets vermieden habe zu besuchen. Ich sah drei Löwenjunge auf einer Felsnase spielen. Meine beiden Brüder starben. Die Familie litt unter der großen Dürre. Das trockene Land, ohne Wasser und Nahrung, lag voller Tierkadaver. Meine Brüder starben, weil Roma weder Wasser noch Nahrung für sie beschaffen konnte. Ich vermochte nicht zu sehen, auf welche Weise ich starb, wohl aber den Kummer und Schmerz und die unerträgliche Qual Romas zu fühlen. Es muss ein schreckliches Leben für sie gewesen sein. Ich erkannte, dass ich es war, die sie bei dem Loslösungsprozess unterstützen musste. Aber ich wusste nicht wie.

Madeleine besuchte uns eine Woche nach Romas siebtem Geburtstag. Sie bemerkte, dass sich Roma stets in Habacht-Stellung befand, Risiken abwog und immer noch sehr viel Gram aus dem Leben als Löwin in sich trug. Besonders fielen ihr die Augen auf – der starre, bedrohliche Blick. Madeleine behandelte die blockierten Seelen-Chakras. Als Roma bereit war, bat sie mich, auf Herzensebene eine Verbindung zu ihr herzustellen, und führte mich zurück in mein Dasein als Löwenjunges. Sie beabsichtigte, das damalige Geschehen umzuschreiben und einen glücklichen Ausgang herbeizuführen. Als der Löwe auftauchte, versteckte mich Roma in einer Felsspalte und ging auf ihn zu. Trotz ihrer Schwäche versuchte sie, stark zu erscheinen. Der Löwe beschloss, nicht auf sie zuzugehen und schlug eine andere Richtung ein. Roma beobachtete ihn, bis er völlig verschwunden war. Es begann zu regnen. Gewitterwolken versprühten dicke Tropfen. Die Luft war erfüllt vom Duft des Regens, ein Zeichen für das Ende der Dürre und die Erneuerung des Landes. Das nächste Bild zeigte mir eine junge, kraftvolle und gesunde Löwin mit ihrer Mutter, die auf der Felsnase saß und den Blick über das weite Land schweifen ließ. Gemeinsam gingen die beiden in dem frischen grünen Land auf die Jagd und ergänzten sich gegenseitig. Dieses Bild trage ich immer noch in mir – seine Kraft, Vitalität, Macht und Einheit.

Dieses Gefühl, stark zu sein, gilt nicht nur für Roma, sondern auch für mich. Der Erfolg der Behandlung hängt davon ab, ob ich fähig bin, diese Löwenkraft anzuzapfen, wenn ich ihrer bedarf.

Um die negativen karmischen Verbindungen endlich zu kappen, schlug Madeleine uns vor, beide die australische Blütenessenz Boab einzunehmen, eine ungewöhnlich starke Essenz, um negative Gedankenmuster, Erfahrungen und tief vergrabene Emotionen, besonders was familiäre Angelegenheiten betrifft, aufzulösen.

Einige Tage nach Madeleines Besuch fuhren Roma und ich im Auto. Ich hielt an, um mit einem Freund zu reden, der seinen Kopf nahe zum Fenster beugte. Früher hätte Roma angefangen zu bellen und am ganzen Körper zu zittern. Aber sie blieb völlig ruhig und desinteressiert. Selbst meinem Freund fiel ihr verändertes Verhalten auf, und er dachte, es wäre mein anderer Hund. Ich kann gar nicht beschreiben, welchen Auftrieb mir dieses Erlebnis gab. Ich wusste, alles würde gut werden.

Ich fühlte mich so sicher, dass ich mich mit einer Freundin verabredete, mit ihren und mit meinen beiden Hunden gemeinsam spazierenzugehen. Einige Tage vor unserem Treffen meditierte ich und sah Roma zusammen mit den anderen Hunden vor uns den Weg entlang laufen. Dieses Bild war so lebendig, dass ich mich bemühte, es aufrechtzuerhalten. Als ich an besagtem Tag mit meinen beiden Hunden aus dem Auto stieg, fing Roma wieder an, sich wie früher zu benehmen. Mein Herz sank, doch nach fünf Minuten begann sie, sich zu beruhigen. Dies war noch niemals der Fall gewesen. Ich fühlte mich besser. Im Laufe des Spaziergangs ließ ich sie von der Leine. Obwohl sie sich den Hunden gegenüber nicht besonders freundlich verhielt, griff sie keinen an. Wenn sie ihnen zu nahe kam, verwiesen sie sie in ihre Schranken. Nach zwanzig Minuten hatte sie sich völlig beruhigt. Das Bild, das ich in meiner Meditation gesehen hatte, war Wirklichkeit geworden.

Seither lasse ich Roma von der Leine, um ihr die Möglichkeit zu geben, sich mit anderen Tieren abzugeben. Wichtig ist, dass ich die Auswahl der Hunde treffe. Kürzlich waren wir mit sechs Hunden unterwegs. Roma benahm sich vorbildlich. Der Blick, mit dem sie andere Tiere anschaut, ist sanft geworden, ebenso wie ihre Körpersprache. Vor allen Dingen habe ich mich geändert und bin nicht mehr so angespannt und besorgt oder falle in Panik.

Roma auf ihrem Spaziergang

Blütenessenzen sind oft stärker und wirkungsvoller, als man zunächst annehmen mag. Blicke ich zurück, erkenne ich, dass ich seither viel gelassener mit Roma umgehe und mich nicht mehr sorge, dass irgendjemand verletzt wird. Befürchtungen, die unbegründet sind, da in diesem Leben nichts Negatives geschehen ist. Meine Ängste hatten Romas Verhaltensweise verschlimmert. Sie versuchte nur, mich zu beschützen. Ich vermute, wir haben mehrere Leben miteinander verbracht, die nicht glücklich endeten. Da ich dies jetzt erkenne, fällt es leichter, damit umzugehen, weil es mein Leben verändert hat. Jeder, der einen aggressiven Hund besitzt, weiß, wie sorgfältig ein Spaziergang geplant werden und wie sehr man darauf achten muss, bestimmte Plätze, Menschen, Zeiten und Tiere zu meiden und wie verlegen und unzulänglich man sich als Eigentümer fühlt. Die Frage, ob Roma und ich tatsächlich Löwen gewesen sind, spielt letztlich keine Rolle. Das Skript neu zu schreiben und die Aufarbeitung unter Madeleines Anweisung haben mir Sicherheit und Ruhe gebracht.

Roma und ich bauen unsere Beziehung zu anderen Tieren nach und nach auf. Ich möchte nichts überstürzen und den Fortschritt verderben. Aber es gibt jetzt keinen Grund, warum die Geschichte nicht glücklich ausgehen sollte.

Roma half Pam außerdem, ein Defizit zu heilen, das aus einem früheren Leben stammte. Sie besaß kein Gefühl und keine Kraft in den Händen, was ihre Arbeit als Reiki-Heilerin stark beeinträchtigte. Als wir bei meinem Besuch in Frankreich das „Löwen"- Trauma aufgearbeitet hatten, wünschte Roma, dass ich Pam bei ihrer Karriere half. Sie zeigte mir ein Leben im mittelalterlichen Frankreich. Die außerordentlichen Heilfähigkeiten, die das junge Mädchen damals besaß, stießen auf Argwohn und Vorurteile. Sie musste achtgeben, nicht als Hexe bezeichnet zu werden. Man rief Pam zu einem kleinen Mädchen, das unter Schwindsucht litt. Sein Vater, ein Edelmann, war zu allem bereit, um das Leben seines Kindes zu retten. Pam betrat die herrliche Burg und wurde in einen verdunkelten Raum geführt, in dem das blasse Kind lag. Der Vater flehte sie an, das Mädchen zu retten. Pam gab ihr Bestes, aber der Zustand des Kindes verschlechterte sich. Das Kind starb. Zornig gab der Edelmann ihr die Schuld und befahl, ihr die Hände abzuhacken und sie aus der Burg zu vertreiben. Pam starb an ihren Wunden. Das Trauma aus jener Inkarnation verunsicherte sie in diesem Leben in Bezug auf ihre Heilfähigkeiten. Den Wunsch, heilerisch tätig zu sein, hatte sie stets vor der Familie geheimgehalten. Dies kam zur Sprache, als Roma mich bat, Pam nach ihren Händen zu fragen. Sie erzählte, dass sie unter einer leichten Arthritis leide, besonders in ihrer linken Hand. Als ich ihre Hände betrachtete, „sah" ich an beiden Händen eine feine Linie, eine Art Narbe, quer zu ihrem Handgelenk verlaufen. Die Hände waren wie aufgesetzt. Roma ließ sich neben uns nieder und „fütterte" mich mit Bildern des Geschehens. Ich fragte mich, was Pam davon hielt. Da sie sich inzwischen an mein intuitives Erahnen gewöhnt hatte, vertraute sie Romas Urteil. Wir kehrten in jenes Leben zurück und veränderten den Ausgang. Diesmal visualisierte Pam das Kind, erfüllt vom Licht aus ihren Händen und vor Gesundheit strotzend. Der dankbare Edelmann machte Pams Fähigkeiten öffentlich und unterstützte und beschützte sie zeit ihres Lebens. Man brachte ihr große Ehrerbietung entgegen. Nach dieser Übung strömte die Energie in ihre Hände, und sie fühlte erneut die Kraft, anderen helfen zu können.

Es war sehr wichtig für Roma, beobachten zu können, dass Pam ihre Fähigkeiten wiedererlangte. Ich schlug vor, ein Jagd-Team zu bilden – Roma als erfahrene Löwin und Pam als die junge, agile Ausführende. Gemeinsam würden sie für das stolze Überleben sorgen. Die zuvor stechenden, wenig ermutigenden Augen Romas nahmen einen sanften Ausdruck an. Sie war sehr dominant, und man konnte sie sich gut als furchterregende Löwin vorstellen. Der Gram, nicht fähig gewesen zu sein, ihr Junges zu retten, hatte sie im gegenwärtigen Leben überängstlich reagieren lassen. Sie hatte beschlossen, sich in diesem Leben wieder mit Pam zu verbinden, um jene Wunde zu heilen und sich ihres gemeinsamen Lebens zu erfreuen.

Claire und Bess – Besuch aus der anderen Welt

Wie man es macht, ist es verkehrt. Die Schuldgefühle plagen einen bis zu dem Punkt, an dem man seine Hilfsbereitschaft in Zweifel stellt. Hätte man helfen sollen oder hat man durch sein Eingreifen Probleme geschaffen, die ansonsten nicht entstanden wären? Selbstzweifel beeinträchtigen jeden Lebensbereich. Man mag wie besessen sein oder überhaupt nicht mit Menschen reden wollen, aus Angst, etwas Falsches zu sagen und eine Reihe von negativen Ereignissen loszutreten. Egal, wie man sich verhält, es scheint niemals ein gutes Ende zu nehmen.

Claire glaubte, an allem schuld zu sein, und alles, was ihrer Familie oder den Tieren zustieß, geschah ihretwegen. Aufgrund der familiären Brustkrebserkrankungen veranlasste sie ihre Tochter, sich regelmäßig untersuchen zu lassen. Als sie las, dass wir mit unseren Überzeugungen unsere Wirklichkeit erschaffen, glaubte sie, ihrer Tochter die Krankheit möglicherweise suggeriert zu haben – und fühlte sich schuldig. Ich konnte sie davon überzeugen, aus Fürsorge gehandelt zu haben, und dass sie sich wahrscheinlich elender fühlte, hätte sie geschwiegen und es wäre tatsächlich zu spät gewesen.

Claire besuchte einen meiner Workshops über Tierkommunikation. Sie nahm interessiert Anteil. Mit zunehmendem Selbstvertrauen wuchsen ihre intuitiven Fähigkeiten. Als wir begannen, mit den Fotos und Haarproben der Tiere zu arbeiten, die die Teilnehmer mitgebracht hatten, traten tiefsitzende Probleme zutage, die Claire unbedingt lösen und heilen musste. Sie bat mich um ein Reading, um mich auf ihren geliebten Spaniel „einzustimmen", der Anfang des Jahres gestorben war. Als sie zu mir kam, umklammerte sie schützend ihre Handtasche, in der sich eine Schachtel mit der Asche und einigen Fotos ihres Lieblings verbargen. Sie war sehr aufgeregt. Jeder Tierliebhaber wird bestätigen, wie schmerzlich es ist, von seinem

Tiergefährten getrennt zu sein und mit dem Kummer fertig zu werden. Doch bald musste ich entdecken, dass es in diesem Fall um mehr ging.

Ich sah mich einer Fülle von ineinander verwobenen Emotionen gegenüber, überragt von einem alles verschlingenden, lähmenden Schuldgefühl. Claire schien unter dem Eindruck zu stehen, geradezu von dem Gedanken besessen zu sein, dass sie am Schicksal ihres Hundes Bess die Schuld trug. Ich betrachtete sein Bild und sah einen typischen quietschvergnügten, lebenslustigen und energiegeladenen Spaniel vor mir. Er sprang in meine Gedanken und wollte Claire offensichtlich helfen. Mit seiner Unterstützung fand ich bald heraus, dass es um mehr als Trauer ging. Bess erklärte nüchtern, dass Claire sich bei allem schuldig fühle und sich gnadenlos bestrafe. Vorsichtig fragte ich Claire, ob sie verstehe, was Bess meine. Sie brach sofort in Tränen aus. Die Wurzel schien in einem geringfügigen Streit mit ihrer Freundin zu liegen, die kurz darauf bei einem Autounfall ums Leben kam. Die damals noch recht junge Claire gab sich die Schuld, fühlte sich für das Geschehen verantwortlich und entwickelte Zwangsvorstellungen. Fanatisch überprüfte sie alles immer wieder. Ihre Mutter bat sie, diese Verhaltensweise einzustellen, da es sie (die Mutter) krank mache, was genau das Gegenteil bewirke. Claire verinnerlichte ihre Ängste und die Abscheu vor sich selbst und fühlte sich noch schuldiger. Sie konnte mit niemandem über ihre Probleme reden.

Sie erzählte, dass sie damals ein chronisches Erschöpfungssyndrom entwickelte und seither mit dieser Schwächung kämpfe. Ich „sah" Bess auf ihrem Schoß sitzen und versuchen, dem Solarplexus Heilenergie zuzuführen. Dieses Zentrum beeinflusst unser Selbstwertgefühl. Ein Energiemangel in diesem Bereich wirkt sich negativ auf den Körper und die Gefühle aus. Bess bat mich, Claire nach ihrem Verdauungssystem zu fragen und ob sie Magenbeschwerden und Verspannungen in dieser Region verspüre. Claire bejahte. Sie fühlte sich ohnehin an jenem Morgen recht schwach. Ich gab ihr zu verstehen, dass Bess versuchte, ihrem Solarplexus einen Energieschub zu geben. Claire konnte die Wärme in dieser Region und den leichten Druck auf ihrem Schoß spüren. Ich schlug Claire vor, Bess zu Hause die Behandlung fortführen zu lassen und sich vorzustellen, wie sich ihr warmer Körper an sie schmiegt. Bess war bereit dazu. Ich machte sie darauf aufmerksam, dass die Herausforderungen, denen sie gegenüberstand, aus einem früheren Leben herrührten. Ein Hypnotherapeut war wohl derselben Meinung gewesen, kam aber nicht zum Zuge, da Claire sich fürchtete, der Sache nachzugehen. Bess wollte unbedingt eine Lösung der Problematik herbeiführen. Eine Woche später rief Claire bei mir an, um einen Termin auszumachen. Ich sah, wie Bess ganz aufgeregt und überglücklich mit ihrem kleinen Schwanz wedelte.

Claire fühlte sich beklommen, aber ihre Furcht wich, als sie Bess neben sich spürte. Sie reichte mit der Hand nach unten und meinte, sie fühle die flauschigen Ohren. Sie spürte sogar, wie sich der Hund an ihre Beine lehnte. Seine Anwesenheit fühlte sich so real an, als müsse ich später den Teppich saugen, um ihn von den schwarzen und weißen Haaren zu befreien!

Bess überwachte den Vorgang, und Claire fühlte sich sichtlich erleichtert. Ich ermutigte sie, etwas mehr von ihrer Vergangenheit preiszugeben. Sie gestand, sich bestraft zu haben, weil sie ihrer Meinung nach Bess einmal zu hart angepackt und nach draußen geschickt hatte. Bess hatte bereits ein gewisses Alter erreicht und war etwas steif und ungelenk geworden. Sie reagierte nicht mehr so schnell, was die angespannte Claire oft ungeduldig werden ließ. Bess zeigte sich überrascht, dass diese den Vorfall so streng beurteilte. Sie empfand keinerlei Groll Claire gegenüber, was diese aber nicht tröstete. Im Gegenteil, sie erzählte, sie habe Bess eine kalte Kompresse auf das entzündete Bein gelegt, weshalb sie sich wohl eine Erkältung zugezogen habe. Claire fühlte sich irgendwie verantwortlich für den Tod ihres Hundes. Dies traf eindeutig nicht zu, was Claire nicht überzeugte. Ihr logischer Verstand erkannte es, aber ihr altes Verhaltensmuster kannte keine Gnade.

Claire hatte nach der Geburt ihrer Kinder unter Depressionen gelitten und fürchtete stets, es könne ihnen etwas zustoßen. Sie hatte sich sogar einmal das Leben nehmen wollen, da sie glaubte, ohne sie ginge es allen besser. Ihre Schuldgefühle drohten sie zu ersticken, aber Bess wollte dies nicht zulassen.

Ich träufelte einige Tropfen der „Schutz"-Essenz in Claires Hände und bat sie, an ihnen zu riechen und ihre Heilwirkung zu visualisieren. Sie stellte sich Sonnenstrahlen vor, die ihren Körper umspielten, während sie die winzigen Moleküle einatmete, die ihr Kraft und Ruhe schenkten. Bess führte mich, um Claire zu helfen und heilend auf die Emotionalebene ihres Herzens einzuwirken. Als ich sie bat, ihr Herz vor sich liegend zu visualisieren, rief sie weinend aus, es sei ganz blau und schwarz. Sie stimmte zu, dass die emotionalen Verletzungen es „blau und schwarz" geschlagen haben mussten. Das Eisengitter, das es umschloss, hatte wohl zunächst dazu gedient, das Herz zu schützen, aber jetzt fühlte Claire sich eingeengt. Bess half ihr, sich vorzustellen, dieses Gitter zu entfernen, was ihr viel Mut abverlangte, da es nun bloß lag. Ich fragte sie, wie es sich anfühlte. „Verheerend", war die knappe Antwort. Ich bat sie, in ihr Herz hineinzugehen, um den Heilungsprozess von innen zu fördern. Es war sehr dunkel. Sie stellte sich einen Laserstrahl vor, der die Dunkelheit ausbrannte, öffnete Fenster und ließ die Sonnenstrahlen herein. Sie erfüllte ihr Herz mit Sonnenlicht und einem aromatischen Duft, um einen angenehmen, lichten Raum zu schaffen. Dieses neue Gefühl in ihrem Herzen machte sie sehr glücklich. Dann betrachtete sie ihr vor Leben und Licht glühendes Herz von außen. Welch ein Unterschied im Vergleich zu dem armen, geschundenen Ding, das es vorher gewesen war. Claire fühlte Frieden und Ruhe. Nun bat ich sie, ihr Herz wieder in den Körper an seinen gewohnten Platz zu legen. Sie fühlte, wie ihr gesamter Körper auf dieses Glühen, die Sonnenenergie und ihr geheiltes Herz reagierte. Ich forderte sie auf, jede einzelne Zelle aufglühen und ihre Kraft wiedergewinnen zu sehen. Wir beendeten die Übung, indem wir ihren ganzen Körper in Sonnenlicht hüllten. Bess war außer sich vor Freude über die Heilung ihrer menschlichen Freundin. Claire hatte unglaublichen Mut bewiesen und ihre Probleme angepackt. Dieser Schritt war notwendig, ehe sie sich den kummervollen Erfahrungen ihres vergangenen Lebens stellte, die ihrem Selbstvertrauen so stark geschadet hatten.

In der nächsten Sitzung sah ich Bess wieder entschlossen an Claires Seite marschieren. Ich hatte das Gefühl, als müsste ich ihr eine Schale mit Wasser hinstellen, so real wirkte sie. Ich bat Claire, in das vergangene Leben eintauchen zu dürfen, in dem die Ursache für ihr Trauma lag. Bess unterstützte mich.

Claire lebte in Polen. Aufgrund ihrer jüdischen Abstammung schwebten sie und ihre Kinder in Todesgefahr. Ihre Familie hatte sich vor den Nazis in einem teilweise zerbombten Haus versteckt und war ihren Häschern bislang entkommen. Aber dann erfuhr sie von dem Vorhaben, die Gebäude in jener Straße gründlich zu durchsuchen. Man bot ihr an, aufs Land zu flüchten. Dazu musste sie zur verabredeten Stunde die Kinder aus dem Bett holen, um ihre Retter zu treffen. Ich „sah" sie die Kinder mitten in der Nacht wecken und ihre Tochter, die das warme Bett nicht verlassen wollte, herauszerren. Plötzlich erkannte ich die Parallele in ihrem gegenwärtigen Leben, als sie sich schuldig fühlte, weil sie Bess vom Stuhl gezerrt hatte. Tief im Inneren „wusste" ich, dass Bess in jenem Leben Claires Tochter gewesen war, was die enge Beziehung zwischen den

beiden erklärte. Aufgrund einer Winzigkeit, die Claire überse-
hen hatte, wurde der Fluchtversuch entdeckt. Sie hatte eine
dünne Staubschicht von irgendwelchen Holzplatten hinterlassen, die sie in der Eile zurückgelegt hatte. Kaum hatten sie
das Gebäude verlassen, inspizierte ein in dieser Gegend pat-
rouillierender Soldat mit seiner Taschenlampe das Haus, entdeckte den aufgewirbelten Staub, rannte nach draußen und
sah die davoneilenden Silhouetten einer Frau und zweier Kinder. Sie gerieten in ein Gewehrfeuer. Claires letzter Gedanke
war. „Es ist alles meine Schuld. Meine Kinder sind meinetwegen gestorben."

Dieses Ereignis erklärte ihr ungewöhnliches Schuldgefühl allem
gegenüber. Ein Trauma aus einer vergangenen Inkarnation kann
im gegenwärtigen Leben durch eine noch so unbedeutende Situation ausgelöst werden und verheerende Folgen nach sich ziehen.
Das Problem besteht darin, dass man Angst verspürt, ohne zu
wissen, woher sie stammt. Sobald man die Ursache erkannt hat,
kann man das Problem durch Verständnis lösen und die Wunde
heilen. In Claires Fall leuchtet es ein, dass sie ständig um ihre
Kinder bangte. Erstaunlich ist der Umstand, dass sich Bess in diesem Leben als Hund inkarnierte, um den Aufarbeitungsprozess
unterstützend zu begleiten. Ihre gegenseitige Liebe war ungewöhnlich. Aber erst der Tod von Bess ermöglichte es, den Kern
des Problems anzugehen. Man mag die Reinkarnation als Tier als
einen „Rückschritt" in der Entwicklung einer spirituellen Person
bewerten. Ich persönlich bin allerdings der Meinung, dass es keinen besseren Weg gibt, ein Trauma zu lösen, Wunden zu heilen
und Gesellschaft zu leisten, als eine sanfte, pelzige Kreatur zu
sein und dem Menschen seine bedingungslose Liebe zu zeigen.

Ich bemühte mich, Claire das Ereignis in jenem Leben möglichst schonend beizubringen. Sie fühlte sich schrecklich und
beschuldigte sich selbst nach wie vor. Dass sie den Staub

nicht bemerkt hatte, hielt sie für unverzeihlich. Hierin lag der Grund für ihre Zwangsvorstellung, alles minutiös überprüfen zu müssen, um verheerende Folgen zu vermeiden. Inzwischen konnte sie den Zusammenhang mit dem damaligen Geschehen erkennen. Ich tröstete sie damit, dass sie ihren Kindern mit dem Fluchtversuch zumindest einen Hoffnungsschimmer gegeben hatte. Wären sie in dem Gebäude geblieben, hätten sie überhaupt keine Chance gehabt. Es war nur ein unglücklicher Zufall gewesen, dass der Soldat zu jenem Zeitpunkt auftauchte, aber mit Sicherheit nicht Claires Schuld. Ich glaube, wir können unseren Lebensweg wählen. Alles geschieht aus einem bestimmten Grund, um auf unserer Seelenreise möglichst viel zu lernen. Claire war eine starke und fortgeschrittene Seele, die diese schwierige Aufgabe wählte, um sie zu meistern, obwohl die Last der Selbstbestrafung sie momentan körperlich und emotional lähmte.

Als nächsten Schritt setzte ich das sogenannte Neurolinguistische Programmieren (NLP) ein. Diese Methode dient dazu, den emotionalen Schmerz zu externalisieren. Zu diesem Zweck forderte ich Claire auf, sich ein Bild vorzustellen, das sie selbst darstellte, ein Tier oder irgendetwas anderes. Sie wählte einen Hasen. Auf meine Frage nach seinem Geschlecht, seinem Empfinden und seinem Aufenthaltsort antwortete sie, er säße in einem Feld, sei weiblich und fühle sich ungeschützt. Ich fragte nach dem Grund. Sie antwortete, er habe Angst, erschossen zu werden. Daraufhin forderte ich sie auf, sich als jemanden zu sehen, der weder Angst noch Schuld empfindet und sich seine Fehler verziehen hat. Diesmal wählte sie eine Giraffe, die jede Situation anmutig und gelassen von hoch oben betrachtete. Auch sie war weiblich, friedvoll und glücklich und wusste genau, wer sie war. Ich bat die Giraffe, mit der Häsin zu „reden" und ihr vorzuschlagen, auf welche Weise sie sich von ihren Ängsten befreien und glücklich werden könne.

In einem solchen Fall rate ich den Klienten, in jede Hand eines der Vorstellungsbilder zu nehmen und sie zu einem Dialog zu führen. Auf diese Weise vermag sich jedes Bild zum Ausdruck zu bringen. Das Bild der Zukunft hilft dem jetzigen Bild, in sein positives, geheiltes zukünftiges Selbst hineinzuwachsen. Im Laufe der Übung treffen sich die beiden Hände und bilden eine Einheit.

Tillie/Bess

Die Giraffe riet der Häsin, einfach weiterzugehen. Sie werde ihre Angst verlieren und ihre Fähigkeiten erkennen, die sie als Beutetier entwickelt hatte, sowie ihre scharfen Sinne und Überlebensinstinkte schätzen lernen. Claires Hände trafen aufeinander. Die beiden Bilder formten eine wunderschöne rosafarbene Kugel der Stärke, die über ihr Herz von jeder Körperzelle aufgesogen wurde. Der Glaube an sich selbst verlagerte sich zugunsten eines positiven Seinszustands.

Im nächsten Schritt bediente ich mich einer Technik, die mich meine Freundin Thea gelehrt hatte. Sie dient als Barometer der Chakra-Energie. Die Chakras wirken auf physischer und emotionaler Ebene als Verbindungszentren. Um physisches und emotionales Gleichgewicht zu erlangen, und damit einen optimalen Gesundheitszustand, bedarf es eines starken Energieflusses zwischen den einzelnen Zentren.

Claire fühlte sich belebt. Bess unterstützte sie weiterhin liebevoll. Ich grübelte über die Bindung zwischen Seelenfreunden nach, ob Mensch oder Tier. Claire hat sich inzwischen einen neuen Spaniel zugelegt. Sie nennt ihn Tillie. Auf dem Foto, das sie mir schickte, blickten mich zwei wunderschöne Augen an. Bess leuchtete hindurch. Sie war wieder als Hund zurückgekehrt, um Claire auch fortan liebevoll zur Seite zu stehen. Diese hatte ihre Schuldgefühle, Befürchtungen und Verantwortungslasten überwunden. Sie fühlte sich inzwischen stark genug, einen neuen Welpen zu sich zu nehmen, ein deutlicher Beweis für ihren Fortschritt. Ich freute mich für beide.

Die Chakra-Technik nutzt die Vorstellungskraft und die Selbstheilungskräfte des Geistes, um den inneren Wandel herbeizuführen. Je häufiger man diese Technik anwendet, desto rascher kann man feststellen, was in einem vorgeht.

Neben zahlreichen kleineren Chakras in und um uns gibt es sieben Haupt-Chakras, die mit großem Erfolg behandelt werden können. Unsere Tiere besitzen ähnliche Zentren in ihrem Körper, über die mit ein wenig Übung ebenfalls Bilder und Transformationsprozesse erkannt werden können.

DAS CHAKRA-SYSTEM

Wurzel-Chakra Sitzt an der Wirbelsäulenbasis. Steht in Zusammenhang mit der Farbe Rot und dem Element Erde.
Sinn: Geruch.
Emotionen: Akzeptanz, Stabilität, Erdverbundenheit, Überleben.

Sakral-Chakra	Sitzt im Beckenbereich. Steht in Zusammenhang mit der Farbe Orange und dem Element Wasser. *Sinn*: Geschmack. Verbunden mit den Nieren, Nebennieren, dem Fortpflanzungssystem und dem Lymphsystem. *Emotionen*: Identität und Wertschätzung.
Solarplexus-Chakra	Sitzt oberhalb des Nabels. Steht in Zusammenhang mit der Farbe Gelb und dem Element Feuer. *Sinn*: Sehen. Verbunden mit dem Verdauungssystem, der Leber und dem Magen. *Emotionen*: Selbstwert
Herz-Chakra	Sitzt im Brustbereich und zwischen den Schulterblättern. Steht in Zusammenhang mit den Farben Grün und Rosa sowie dem Element Luft. *Sinn:* Fühlen/Berührung. Verbunden mit der Thymusdrüse, dem Herzen und der Lunge. *Emotionen*: Selbst-Liebe
Kehlkopf-Chakra	Sitzt im Kehlkopfbereich. Steht in Zusammenhang mit der Farbe Blau und dem Himmel. *Sinn:* Hören. Verbunden mit der Schilddrüse, dem Kehlkopf, den Ohren, der Nase und dem Mund. *Emotionen*: Selbstausdruck

Stirn-Chakra	Sitzt in der Stirnmitte. Steht in Zusammenhang mit der Farbe Indigo und dem Element Silber. *Sinn:* Inneres Wissen. Steht in Zusammenhang und ist verbunden mit der Zirbeldrüse, dem Schlaf- und Wachzustand und dem Gehirn. *Emotionen*: Selbst-Bewusstsein, Intuition.
Kronen-Chakra	Sitzt auf der Schädeldecke. Steht in Zusammenhang mit der Farbe Violett und dem Element Gold. *Sinn:* Denken und Verbindung zum Göttlichen. Steht in Zusammenhang mit der Hirnanhangdrüse, dem Craniosakral-System, dem Zentralnervensystem, den Haaren und der Haut. *Emotionen*: Geistige/persönliche Macht.

Bei der Betrachtung der einzelnen Chakras ließen wir ein Bild entstehen, das den energetischen Zustand des jeweiligen Bereichs auf physischer und emotionaler Ebene wiedergab. Jedes negative Bild kann umgewandelt werden, indem man sich vorstellt, dass weißes Licht aus dem Universum es durchströmt und zum Positiven wandelt. Diese Bilder sind sehr persönlich und von Individuum zu Individuum unterschiedlich. In Claires Fall zeigten sie sich folgendermaßen:

Wurzel-Chakra

Ein Golfball, nach meinem Empfinden ein recht strenges Bild, weshalb ich Claire bat, weißes Licht durch ihren Körper hindurchfließen zu lassen, damit es den Golfball sprenge und ihn in etwas verwandelte, mit dem sie sich glücklicher fühlte. Das weiße

Licht löste den Ball auf. Es entstand eine kristalline weiße Lichtenergie, die ihre Grundlage bildete.

Sakral-Chakra

Ein wunderschönes Flügelpaar, das Claires Identität als Frau widerspiegelte. Sie fühlte sich glücklich mit diesem Bild.

Solarplexus-Chakra

Eine purpurfarbene Decke. Claire fühlte sich wohl mit diesem Bild, weshalb wir es beibehielten.

Herz-Chakra

Eine Orange. Dieses Energiefeld musste geöffnet werden, so dass sich die einzelnen Segmente entfalten konnten – ein positives Bild, das Claires Bereitschaft zum Ausdruck brachte, ihr Herz zu öffnen.

Kehlkopf-Chakra

Stacheldraht und ein Engegefühl im Bereich des Selbstausdrucks, der sich mittels eines weißen Lichtstrahls in einen wunderschönen rosafarbenen Wirbel verwandelte, ein „aus dem Herzen sprechen", denn Rosa ist die Farbe des Herzens.

Stirn-Chakra

Ein herrlicher Sternenhimmel. Claire schien mit diesem Bild sehr glücklich zu sein.

Kronen-Chakra

Claire stellte sich einen zerklüfteten Krater vor. Sie beschloss, ihn bis oben hin mit weißem Licht zu füllen. Seine Kuppe verwandelte sich in ein üppiges, sattes Grün. Sie fühlte sich wohl bei diesem Bild. Wir sprachen über die Bedeutung von auffüllen oder voll oder sogar erfüllt sein, was Claire viel bedeutete.

Josephine und Beetle – eine stürmische Nacht

Dieser Fall zeigt, dass sich nicht nur Menschen schuldig fühlen. Der kleine Terrier, der in einer früheren Inkarnation vergebens versuchte, seine Besitzerin zu retten, war in diesem Leben wild entschlossen, für ihre Sicherheit zu sorgen.

„Keiner von uns kann schlafen. Wir sind verzweifelt. Bitte helfen sie uns!", flehte mich Josephine am Telefon an. Sie war jung vermählt. Zunächst lief alles wunderbar zwischen den Eheleuten und ihrem kleinen Hund, bis zu jener Nacht, in der ein wütender Sturm losbrach. Seither wurde ihre Nachtruhe fortwährend gestört. Ihr Terrier Beetle wollte auf keinen Fall nachts alleine unten bleiben und machte einen solchen Aufstand, dass sich das Ehepaar gezwungen sah, ihn mit ins Schlafzimmer zu nehmen. Ich begann, aus der Ferne auf das Tier einzuwirken, um seine Angst vor Stürmen zu heilen, aber ohne Erfolg. Beetle blieb nicht nur besorgt, sondern sein Verhalten schien sich zu verschlimmern.

Als ich in Josephines Haus eintraf, begrüßte mich ein schwarzbrauner Tornado, der zwischen meinen Beinen umhersauste und prüfend an mir schnüffelte, um herauszufinden, ob ich Freund oder Feind war. Nachdem er festgestellt hatte, dass mein Kommen wahrscheinlich seine Berechtigung besaß, führte mich Beetle ins Wohnzimmer. Der kleine Hund ließ sich zu meinen Füßen nieder und blickte mich entschlossen an. In Gedanken versuchte ich, ihn zu überreden, mir seine Angst zu erklären, und versprach ihm meine Hilfe. Ich fragte ihn nach seiner Furcht im Zusammenhang mit dem Sturm. Er zeigte mir ein recht erschreckendes Bild. Ich sah, wie Josephine sexuell belästigt wurde, und fragte sie, ob es eine sexuell schwierige Beziehung in ihrem Leben gegeben hatte. Da sie verneinte, wandte ich mich erneut an Beetle. Er zeigte mir ihr gemeinsames Trauma aus einem früheren Leben. Josephine, ein Teenager, lebte in den Wäldern Nordamerikas mit ihrer sehr armen

Familie in einer Blockhütte. Er zeigte mir das Mädchen mit seinem schäbigen Kleid und den ungekämmten Haaren.

In einer stürmischen Nacht klopfte ein Fremder an die Tür und bat um Obdach. Beetle war in jener Inkarnation ein gelber Jagdhund gewesen, der seine Familie liebte, besonders Josephine, mit der er aufgewachsen war. Er hatte den heruntergekommenen Fremden nur widerwillig ins Haus gelassen. Josephines Eltern empfanden Mitleid mit dem durchnässten Mann und gewährten ihm Schutz vor den Elementen, um sich am prasselnden Feuer zu wärmen und zu trocknen. Den Hund sperrten sie in ein Nebengebäude. Als alles schlief, kroch der Fremde in den separat gelegenen Schlafraum des Mädchens, bedrohte sie mit einem Messer und belästigte sie. Beetle fühlte ihre Angst. Er begann zu jaulen, um die Eltern aufmerksam zu machen. Unglücklicherweise schrie man ihn nur an. Josephine musste dieses schreckliche Erlebnis über sich ergehen lassen. Der Mann rannte davon, bevor sie um Hilfe schreien konnte. Der arme Beetle vermochte sich niemals zu verzeihen, dass er nicht in der Lage gewesen war, seine Freundin zu retten.

Obwohl es sich um ein äußerst schwieriges Thema handelte, musste es zur Sprache gebracht werden, um das Trauma aufzuarbeiten. Beetle hatte bewegungslos zu meinen Füßen gesessen, während er mir das Geschehen übermittelte. Josephine waren seine ungewöhnliche Ruhe und sein starrer Blick aufgefallen. Sie ahnte, dass er mir etwas erzählte. Der arme Beetle! Seine damalige Freundin nicht vor dieser Entehrung bewahren zu können, machte ihn fassungslos, denn er fühlte, er habe versagt. Der Sturm hatte die Erinnerung an jenes Leben wachgerufen und die Tatsache, dass Josephine in diesem Leben verheiratet war, damit in Zusammenhang gebracht. Obwohl Beetle sehr an ihrem Mann hing, ließ es ihn verzweifeln, in dieser Inkarnation seine Besitzerin nicht überwachen und beschützen zu können. Während der Nacht bei dem Ehepaar zu sein, gab ihm das Gefühl, sicherstellen zu können, dass alles in Ordnung war.

Als ich Josephine wiedergab, was ihr kleiner Hund mir mitgeteilt hatte, begann sie, sich zu fürchten. Die verschüttete Erinnerung schien an die Oberfläche zu treten. Beetle ließ sich augenblicklich zu ihren Füßen nieder, um ihr beizustehen. Wir beschlossen, die damalige Szene aufleben zu lassen, nur mit dem Unterschied, dass Beetle gehört und der Fremde unter Zuhilfenahme des väterlichen Gewehrs aus der Hütte gejagt wurde, ehe ein Unheil geschehen konnte. Josephine zeigte sich überrascht über die Mühelosigkeit, mit der sie die Bilder und Gefühle aufzufangen vermochte. Beetle und ich unterstützten den Heilungsprozess. Sobald Beetle die Veränderung bemerkte, erfasste ihn eine ungemeine Lebendigkeit. Er sprang vergnügt auf und tollte durchs Zimmer. Seine Fröhlichkeit löste die Spannung und hob die Stimmung. Wir bewunderten den Mut dieses kleinen Hundes und sein Pflichtgefühl, ein Verbrechen rückgängig zu machen.

Später erfuhr ich, dass sich Beetle durchaus damit zufriedengab, selbst bei stürmischem Wetter unten zu schlafen, so dass jeder im Haus seine verdiente Nachtruhe fand.

Sally und Barney, der Bär

Sally bat mich, sie und ihren Golden Retriever Barney zu besuchen.

Einen solch riesigen Golden Retriever wie ich ihn Sallys Haus vorfand, hatte ich noch niemals gesehen. Seine Beine glichen Baumstümpfen, und seine Pfoten waren riesig. Das Bild eines Bären ließ sich nicht aus meinen Gedanken drängen, noch bevor mich sein gigantisches Gewicht fast umwarf. Zum Glück war er ein gutmütiges Tier. Trotz seiner Größe hatten ihn von klein auf Krankheiten geplagt. Als ich in seine wunderschönen tief braunen Augen blickte, begannen sie, sich zu verändern. Eigentlich wandelte sich sein gesamtes Gesicht. Ich nahm einen dunkelbraunen Kopf und goldfarbene Ringe um seine Augen wahr. Sally erzählte mir, dass sie diese Veränderung ebenfalls bemerkt hatte. Barney schaute sie mitunter mit verändertem Blick an, besonders wenn er gefüttert wurde. Als Welpe hatte er sich mit sehr seltenen Parasiten infiziert und eine Form von Arthritis entwickelt, wohl eine Nebenwirkung der medikamentösen Behandlung. Es war ihm schwergefallen, richtig zu gehen, und er hatte unter Schmerzen gelitten.

Als er zu mir hochschaute, genauer gesagt, als wir uns Auge in Auge anblickten, nahm ich ihn als riesigen Bären wahr, angekettet und gezwungen zu tanzen. Es muss irgendwo an der tibetisch-chinesischen Grenze gewesen sein. Die Menschen ähnelten den Mongolen. Dann zeigte mir Barney Sally, die in jenem Leben ein kleiner Junge war, der heimlich Futter für den Bären stahl. Der brutale Mann, dem der Bär gehörte, schnappte den kleinen Jungen, schlug ihn und machte sich vor den Leuten, die gekommen waren, den Bär tanzen zu sehen, über ihn lustig. Ich fragte Sally, die zufrieden und ausgeglichen zu sein schien, ob sie in ihrem jetzigen Leben jemals tyrannisiert worden sei. Sie meinte, in ihrer Kindheit habe ihr Stiefvater ihr Selbstwertgefühl erbarmungslos zerschmettert. Ich erzählte von dem Mann und dem Bären. Sie war sich sicher, dass es sich in diesem Leben um ihren Stiefvater handelte. Nach seinem Tod hatte er sich zu dem Zeitpunkt, als sie Barney zu sich nahm, aus der geistigen Welt für sein Fehlverhalten entschuldigt. Barney „zeigte" mir, dass sich jener Junge zu sehr fürchtete, um den Bär weiterhin zu füttern, sich aber stets Vorwürfe machte, ihn im Stich gelassen zu haben. Sally gestand, das sie sich manchmal gefragt hatte, ob es nicht besser wäre, Barney einschläfern zu lassen, da es ihr

nicht zu gelingen schien, ihm ein schmerzfreies Dasein zu ermöglichen. Aber irgendetwas hatte sie davon abgehalten. Sie
wollte für sein Leben kämpfen. Sie veränderte die damalige
Szene dahingehend, dass der kleine Junge den Bären mitten
in der Nacht befreite und mit ihm aus dem Dorf rannte, wo sie
Hilfe fanden. Der grausame Mann, der sie verfolgte, ertrank in
einer flutartigen Überschwemmung. Der Bär und der Junge
verbrachten den Rest ihres Lebens gemeinsam und zufrieden
in den Wäldern. Zu Beginn der Sitzung verspürte Sally einen
tiefen Schmerz in ihrem Herzen, der nach dem „glücklichen
Ausgang", den wir geschaffen hatten, völlig verschwand.

Ich empfahl Sally einen befreundeten Tierarzt, der sich für
die Idee der Heilung eines früheren Lebens offen zeigte, da
ich fühlte, dass Barney von einer homöopathischen Behandlung profitieren würde. Sally erzählte ihm nichts von jener seltsamen Inkarnation. Dennoch fing er die „Bär"-Energie sofort
auf und verschrieb ihm Bärenmilch. Zuletzt hörte ich, dass
sich Barneys Gesundheitszustand deutlich verbessert hatte.

Pippa und Big Guy – Befähigung

Für weit entfernt wohnende Klienten erstelle ich Readings anhand
von Fotos und Haarproben. Die Informationen, die ich von den
Tieren über diese Materialien erhalte, sind oft erstaunlich, vor allem, wenn die Besitzer angeben, dass sie tiefe Ebenen in ihnen
ansprechen. Das folgende Reading betrifft Pippa und ihren Kater
Big Fella in der geistigen Welt. Die reizende Dame wollte wissen,
welche Lektionen sie aus ihrer Beziehung zu lernen hatte und ob
sie seinen Bedürfnissen in diesem gemeinsamen Leben gerecht
geworden sei. Viele wollen wissen, ob ihre Tiere in der geistigen
Welt sicher aufgehoben und frei von Schmerzen sind und ob sie
ihnen die Schuld geben, wenn sie sie einschläfern mussten. Fella
erwies sich als starke Persönlichkeit, die viel zu sagen hatte.

Liebe Pippa!

Es ist interessant, dass Sie ihn Big Fella nannten, da er eine gewaltige Energie besitzt. Betrachte ich seine Augen auf dem Foto, erscheint das Bild eines riesigen schwarzen Panthers, der in einem früheren Leben in Äthiopien als ihr Leibwächter wirkte. Sie gehörten damals einer Art Königsfamilie an. In diesem Leben scheint er die Rolle in einer etwas versteckten und geringeren Form weiterzuführen. Mir war nicht bekannt, dass es in Afrika schwarze Panther gab. Ich forschte nach und fand heraus, dass sie nur in Äthiopien auftraten. Ich hätte ihm Glauben schenken sollen. Die Energie des schwarzen Panthers erweist sich als äußerst wichtig für den Weg zwischen Licht und Dunkel. In ihrer geistigen Rolle verwandeln diese Tiere negative Energie vielfach in positive Energieströme. Dieser Aufgabe scheinen sie sich auf geistiger Ebene verschrieben zu haben. Sie können sie auch durch ein irdisches Lebewesen, das über die entsprechende Seelenweisheit verfügt, ausüben. Wie ich dem Foto entnehme, scheint er zwischen der Gestalt des schwarzen Panthers und der Big Fella-Hauskatze zu wechseln – recht verwirrend!

Sie lebten damals ein unsicheres Leben, geprägt von Konkurrenzkämpfen um den Thron und das Königreich, gefährdet von Eindringlingen und Überfällen, nicht zuletzt den Ägyptern, die das Gold Äthiopiens plündern wollten. In jenen Tagen spielte Gold eine wichtige Rolle. Man betrachtete es als magisches Geschenk der Götter und pries es für seine Heilkräfte sowie für seinen materiellen Wert. Big Fella, dem Beschützer, schrieb man mystische Kräfte zu, was nicht nur für damals, sondern auch in diesem Leben zutraf, und die er auf geistiger Ebene beibehält.

In diesem Leben an Ihrer Seite wollte er Ihnen helfen, sich von dem Dasein einer hohen Persönlichkeit in Äthiopien an ein schlichtes Leben zu gewöhnen. Es geht darum, sich auch in einer einfachen Existenz stark zu fühlen. Damals besaßen Sie große Macht und einen ungeheuren Reichtum, was Sie nicht immer wohlwollend oder weise einsetzten. Ihr Machtempfinden stützte sich auf die Unterwürfigkeit Ihrer Untertanen. In diesem Leben besteht Ihre Aufgabe darin, sich aufgrund ihres wahren Wesens stark und gut zu fühlen, nicht wegen eines ererbten Ranges. Sie mussten Ihre Selbstbestätigung und Ihren wahren Wert verdienen und wiedergewinnen. Big Fella stand Ihnen auf Ihrem spirituellen Weg helfend zur Seite. In diesem Leben hatten sie beide eine wesentliche Rolle zu spielen, nur auf einer sehr viel feineren Ebene.

Die Zeit war reif für Big Fella, um zu gehen. Er ist überzeugt, dass Sie Ihre Lektion gelernt haben, sich Ihrer Stärken und Fähigkeiten bewusster sind und Ihren spirituellen Weg auch ohne seine physische Gegenwart fortsetzen können. Sind Sie daran interessiert, sich für den Schutz der Raubkatzen einzusetzen? Ich glaube, er möchte, dass Sie sich dieser Aufgabe widmen. Ich fühle, dass er im Jahre 2012 wieder als Raubkatze zurückzukommen gedenkt, um die Aspekte Heilung und Bewusstheit zu beleben.

Vor nicht allzu langer Zeit habe ich mit den weißen Löwen Südafrikas gearbeitet. Sie bringen Afrika, der Wiege menschlicher Existenz, die Heilkräfte zurück. Big Fella lässt mich wissen, dass er eine urwüchsige Raubkatze sein wird, zu der Sie sich hingezogen fühlen. Sie werden ihn an seinen Augen erkennen. Er wird Ihre Arbeit bereichern.

Sie sind eng miteinander verbunden. Ihre gemeinsame Arbeit ist sehr wichtig. Diese Katze hat in Ihrem Leben eine wesentliche Rolle gespielt. Es interessiert mich, wie Sie empfinden, dass er auf sie eingewirkt hat, und wie sich Ihr Leben verändert hat, seit Sie ihn kennen. Er führt Sie jetzt aus der geistigen Welt. Sie können gewiss sein, dass er für Sie da ist. Sobald es an der Zeit ist, wird er zurückkehren. Sie sind bereit, die nächste Stufe zu nehmen. Ich hoffe, Sie können etwas damit anfangen.

Pippa bestätigte ihre Liebe zu Raubkatzen. Sie hofft, in Zukunft mit ihnen zusammenarbeiten zu können.

Kapitel 3

WIE KÖNNEN UNSERE HAUSTIERE UNS HEILEN?

Die Erinnerungen der Seele bestehen aus den Gedanken und Wahrnehmungen vergangener Begebenheiten sowie deren Auswirkung auf unseren Körper und unsere Emotionen. Die Ereignisse und natürlich die Traumata werden im Körper auf der Zellebene gespeichert. Gelingt es uns, unsere Denkweise zu verändern, kann das Trauma aufgelöst werden. Tiere wissen dies. Während eines Seminars über Tierkommunikation und Heilung unterstützte uns ein Hund mit Namen Moriarty in dieser Hinsicht auf ganz besondere Weise. Seine Besitzerin, Catherine, erzählt von ihren Gefühlen und Ängsten und wie sie sich veränderten, nachdem die Gruppe an einem Gedankenwandel arbeitete und die Vergangenheit klärte.

Moriarty – Der Mann, der vom Meer kam

Moriarty lebt seit drei Jahren in unserer Familie, von jenem Tage an, an dem er alt genug war, seine Mutter zu verlassen. Mit seinem Heranwachsen festigte sich unsere Verbundenheit und unsere gegenseitige Liebe immer mehr, bis sie einen Punkt erreichte, an dem ich in ständiger Angst lebte, er könne sterben oder mich verlassen. Ich plante sogar, mir an seinem fünften Geburtstag einen zweiten Hund zuzulegen, der ihm Gesellschaft leisten könne. Mir war jedoch bewusst, dass es eigentlich darum ging, meine Trauer zu mildern, sollte ihm etwas zustoßen.

Moriarty

Moriarty ist ein unglaublich intelligenter Hund, eine Mischung aus Border Collie und australischem Schäferhund. Er liebt es, an unserer Gruppenmeditation teilzunehmen, falls er eingelassen wird. Er nimmt regelmäßig an Madeleines Kommunikationskursen teil. Bei Anfängern zeigt er sich sehr geschwätzig und freundlich. Nachdem er an einem Morgen mit der Gruppe gearbeitet hatte, zog man mich hinzu, um seine Informationen zu bestätigen und über unser gemeinsames Leben zu reden. Obwohl mir bewusst war, dass bereits ein gemeinsames Leben hinter uns lag, erwartete ich nicht, was nun geschah.

Ich setzte mich auf ein Sofa. Moriarty ließ sich neben mir nieder. Ich legte meine Hand auf seine Schulter. Die Gruppe und Madeleine beschrieben eine Szene aus einem früheren Leben, das wir gemeinsam in einem Land wie Bayern verbrachten, Moriarty als deutscher Schäferhund und ich als Mann. Eine Brücke überquerend, fiel ich in den Fluss. Moriarty konnte mich nicht retten. Er wartete und wartete, aber offensichtlich kam ich nicht mehr zu ihm zurück. Er erinnert sich, dass er sah, wie sich meine Hand mit dem Hemdsärmel nach ihm ausstreckte, er mich aber nicht erreichen konnte – und ich ertrank.

An diesem Punkt wurde mir bewusst, dass Moriarty mich immer am Ärmel hält und Wasser möglichst meidet. Selbst in die kleinste Pfütze tritt er nur, wenn er sich zuvor vergewissert hat, dass wir ihn im Notfall herausholen können.

Unter Madeleines Anleitung visualisierte ich eine positive Szene. Moriarty gelang es, mich beim Ärmel zu packen. Wir erreichten das Ufer und gingen nach Hause. Wir trockneten uns und ließen uns am warmen Feuer nieder. Als ich dies erzählte, rang sich ein tiefer Seufzer aus Moriartys Brust. Ich selbst fühlte mich unendlich erleichtert.

Aber dies war noch nicht alles. Madeleine war überzeugt, dass es noch ein weiteres Problem aus einer früheren Inkarnation gab, das gelöst werden musste. Dieses Leben spielte sich bei den Inuit in Alaska ab. Ich war ein junger, willensstarker Mann mit einem eigenen Hundeschlitten und Moriarty ein Husky, der Anführer des Hundeteams. Es bestand eine enge Beziehung zwischen uns. Ich konnte mich auf ihn verlassen. Man hatte mich vor dem aufkommenden Sturm gewarnt und mir geraten, nicht hinauszufahren; falls aber doch, dann aufgrund des brechenden Eises den See zu umfahren. Aber ich war mir meiner selbst und der Hunde so sicher, dass ich darauf bestand, den Weg über den zugefrorenen See zu nehmen. Am gegenüberliegenden Ufer gab es ein Mädchen, das ich unbedingt beeindrucken wollte. Nachdem ich das andere Lager erreicht und vor dem Mädchen geprotzt hatte, bemerkte ich, dass sich der Himmel plötzlich verfinsterte und der Sturm rasch näher kam. In dem Glauben, dem Sturm zuvorkommen und unser Lager sicher erreichen zu können, rasten wir los. Die Hunde gaben ihr Bestes. Das Eis auf dem See zeigte bereits die ersten Risse. Hinter uns brach ein Schneesturm los. In meiner Dummheit und in meinem Stolz trieb ich die Hunde auf den See hinaus. Ich kannte die Gefahr, wägte das Risiko ab und scheiterte. Auf halbem Wege brach das Eis, und wir stürzten ins Wasser, Moriarty an der Spitze. Keiner überlebte. Ich entdeckte, dass er sich dafür verantwortlich fühlte und dieses Schuldgefühl in das jetzige Leben hineintrug.

Madeleine forderte mich auf, auch für jenes Leben über ein Szenario nachzusinnen, das zu einem positiven Ausgang führte, die Erinnerung umzuschreiben und die Schuld zu löschen. Zunächst war ich unfähig, mir eine andere Szene vorzustellen. Es stand alles so lebendig vor meinen Augen. Wie sehr ich mich auch bemühte, ich vermochte das Bild am Rand des Sees nicht zu ändern, die schicksalhafte Entscheidung, ihn zu überqueren, das rasche Herannahen des Sturms und die Verzweiflung. Mithilfe der Vorschläge aus der Gruppe gelang es mir schließlich, die richtige Szene sich vor mir entfalten zu sehen.

Diesmal hielt ich den Schlitten mit den keuchenden Hunden am Seeufer an. Der aufwirbelnde Schnee trübte die Sicht. Da hörten wir einen anderen Hundeschlitten in unsere Richtung kommen. Welch eine Erleichterung! Unser Dorfältester, mein Vater, war uns in weiser Voraussicht um den See herum entgegengefahren. Wir vereinigten die beiden Hundestaffeln. Mit den zusätzlichen frischen Hunden war Moriarty der Verantwortung enthoben, und wir erreichten sicher unser Lager. Ich fühlte mich befreit. Moriarty seufzte erleichtert auf, als er sich an mich schmiegte. Überwältigt erkannte ich, dass jener Älteste, mein Vater in jener Inkarnation, heute mein geistiger Führer ist. Ich bin mir der großen Ehre bewusst, dass ich ihn damals in menschlicher Gestalt erleben durfte.

Nach diesen Erfahrungen hat sich meine innere Beziehung zu Moriarty stark geändert. Die fürchterliche irrationale Angst, er könne sterben oder mich verlassen, quält mich nicht länger. Er seinerseits klammert sich nicht mehr ängstlich an mich. Wir haben eine normale Beziehung aufgebaut. Natürlich lieben wir uns nach wie vor, aber es gibt keine schwächende Furcht mehr. Wir binden uns gegenseitig nicht und lassen jeden sich auf seine Weise weiterentwickeln. Mein Dank gilt Madeleine und der Gruppe. Es war eine unbezahlbare Erfahrung.

Catherine und Moriarty schienen sichtlich froher und entspannter zu sein. Wir alle konnten die Bilder jenes schrecklichen Schicksals sehen. Es war eindeutig, dass Moriarty uns geführt hatte, um Schuldgefühle und Ängste auszuräumen, damit sie ein glückliches, erfülltes Leben führen konnten. Auf einem gemeinsamen Spaziergang war mir zwar die Vorsicht des Hundes aufgefallen, aber das Ausmaß der Befürchtung seiner Besitzerin, ihn verlieren zu können, entgangen. Wir alle fürchten den Zeitpunkt, wenn unsere Haustiere gehen müssen. In diesem Fall beeinträchtigte die Angst ihre gegenwärtige Beziehung. Erst als wir uns darauf einstimmten, erkannten wir den Grund.

Crotchet – ein sehr spezielles Kaninchen

Das folgende Reading erstellte ich für eine Dame namens Elisabeth, die nicht über den Selbstmord ihrer Tochter Caitlin hinwegkam. Der einzige Zeuge dieser Tragödie war das kleine Hauskaninchen Crotchet gewesen. Elizabeth suchte das schreckliche Schicksal ihrer Tochter zu verstehen und welche Rolle ihre beiden anderen, bereits verstorbenen Haustiere – der Hund Cherry und die Katze Snoopy – in ihrem Leben gespielt hatten. Sie war in ihrer Ehe misshandelt worden, worunter sie sehr litt, und übertrug das Schuldgefühl auf das Leben ihrer Kinder und Tiere. Die Informationen, die Tiere uns zu geben wissen, zeigen, dass alles seinen Sinn hat, so erschreckend es an der Oberfläche auch erscheinen mag.

Liebe Elisabeth,

hier einige Informationen von Ihren Haustieren. Sie gaben mir zu verstehen, welche innige Liebe sie Ihnen entgegenbringen. Crotchet, die liebe kleine Seele, bemühte sich, Caitlins Schmerz zu lindern. Er spricht von Scham und Druck. Irgendetwas muss in der Vergangenheit mit Caitlin geschehen sein, wofür sie sich schämte, etwas, worüber sie mit Ihnen nicht sprechen konnte, da sie glaubte, es würde Sie aufregen. Sie erkannte nicht, wie sehr Sie sie lieben und alles verstanden und vergeben hätten, falls es überhaupt etwas zu verzeihen gab. Crotchets Aufgabe bestand darin, sie zu unterstützen und ihren Übergang sorgsam zu begleiten – eine ganz spezielle Aufgabe. Irgendetwas muss eine schreckliche Erinnerung in Caitlin ausgelöst haben, die sie zu unterdrücken suchte, aber irgendetwas klickte in ihrem Inneren. Sie hatte das Gefühl, den Betrug und die Selbsttäuschung nicht länger ertragen zu können. Obwohl sie versuchte, sich einzureden, ein guter Mensch zu sein (was sie auch war), konnte sie sich einer unterschwelligen Empörung und Unzufriedenheit mit sich selbst nicht erwehren. Aufgrund des Druckes, dem sie sich in ihrer Kindheit ausgesetzt sah, fühlte sie sich niemals gut und erfolgreich genug. Ich bin sicher, dass Sie ihr dieses Gefühl niemals vermittelt hätten. Wahrscheinlich erfuhr sie diesen Druck von anderer Seite. In ihren Augen hatte sie versagt, und das konnte sie sich nicht verzeihen. In allem hörte sie nur eine negative Bemerkung, auch wenn sie noch so geringfügig war.

Die Ohrringe, die sie auf dem Foto trägt, stellen Masken dar. Ich glaube, sie wusste ihre Gefühle gut zu verbergen, so dass Sie keine Ahnung hatten, was in ihr vorging. Crotchet scheint ihr einziger Vertrauter gewesen zu sein, der in jene emotionalen Bereiche eingeweiht war. Sie ist eine solch erfolgreiche Person gewesen, aber irgendetwas aus ihrer Vergangenheit ließ ihr Leben in ihren Augen nicht gut genug erscheinen.

Crotchet bereitete ihr viel Freude. Er schien Unschuld und reine, bedingungslose Liebe zu repräsentieren, etwas, wozu in ihren Augen wohl nur ein Tier fähig war, frei von Urteil und Forderung. Ich weiß, Sie hätten ihr diese Liebe gezeigt, aber es gab stets dieses unterschwellige Empfinden, im Stich gelassen worden zu sein. Crotchet meint, Caitlin habe diese schwierige Lebenserfahrung gewählt, um Kinder – besonders jene, die den Freitod wählen – zu verstehen und ihnen versichern zu können, wie sehr sie geliebt werden. Auf diese Weise erfüllt sie ihre Seelenaufgabe. Auf geistiger Ebene ist Caitlin frei und erkennt den größeren Zusammenhang – warum Sie mit ihrem Mann, Tom, zusammensein mussten und was Sie von ihm lernen sollten. Wir wählen unsere Eltern für das, was sie uns in der jetzigen Inkarnation lehren können, so dass wir uns auf unserem geistigen Pfad weiterentwickeln.

Cherry unterstützt Caitlin darin, die jungen Seelen, die Schaden genommen haben, zu führen. Sie ist voller Liebe und Mitgefühl. Auf Erden scheint sie Ihr Schutzengel gewesen zu sein, eine Aufgabe, die sie auf geistiger Ebene fortsetzt. Sie verbindet Sie und Caitlin in Liebe. Diese weiß, wie schmerzlich es für Sie sein muss, all dies zu hören, hofft aber, dass das Wissen um ihre neue Aufgabe Ihren Schmerz lindern wird. Snoopy (die den Kindern das Gesicht leckt, um sie zu trösten) wirkte ebenfalls als kleiner Schutzengel für Sie und kam in einer für Sie sehr schwierigen Zeit zu Ihnen. Sie können verärgert und verbittert zurückblicken, sollten aber bedenken, dass ihre Ehe und Beziehung eine wesentliche Stufe in Ihrer seelischen Entwicklung bedeutete. Unerledigtes Karma aus einem früheren gemeinsamen Leben war aufzuarbeiten, weshalb Sie eine erneute Bindung eingehen mussten, um Caitlin und ihren Bruder Steve zur Welt zu bringen. Snoopy und Cherry wollten für Sie da sein, um Ihnen und den Kindern in schwierigen Zeiten beizustehen und Freude zu bringen. Cherry ist eine alte Seele. Ich bin sicher, Sie sind früher schon zusammen gewesen und werden es wieder sein. Man zeigt mir eine flauschige graue Katze. Ich weiß nicht, ob Sie dieses Tier erst jetzt oder schon von früher kennen. Vielleicht wird sie die neue Inkarnation von Cherry oder Snoopy sein, wenn ihre Zeit gekommen ist. Snoopy lässt mich wissen, dass er versuchte, Sie abzuschlecken und allen Druck, unter dem sie während ihres Lebens gestanden haben, umzuwandeln. Er wird die Energie, die sie erschöpfte, beseitigen.

Cherry erlitt wohl tatsächlich eine Gehirnembolie, einen plötzlichen kurzen Schmerz. Für sie war es der beste Weg, aus dem Leben zu scheiden, ohne anhaltende Schmerzen oder Leiden. Natürlich war es schrecklich für Sie, aber sie möchte Sie wissen lassen, dass es ihr gut geht, sie in ihrer Freizeit Bällen hinterherrennt und Ihnen aufgeregt mit dem Schwanz entgegen wedelt.

Ich hoffte inbrünstig, der armen Mutter, die um ihre Tochter trauerte, ein wenig geholfen zu haben. Auch in diesem Fall zeigt es sich, wie stark sich die Tiere verpflichtet fühlen, uns ungeachtet der Herausforderungen auf unserer Seelenreise zu unterstützen.

Freddy, Victoria, Rufus und Polly

Der folgende Fall zeigt, wie stark unser Leben mit dem unserer Haustiere in Raum und Zeit verwoben ist und wie sehr sie wünschen, dass wir uns unseren Fähigkeiten entsprechend entwickeln.

Kurz bevor eine neue Klientin, Victoria, für eine Heilsitzung bei mir eintraf, fühlte ich mich gedrängt, mit meinen beiden Hunden, Winnie und Teazle, im nahegelegenen Wald einen kurzen Spaziergang zu machen. Die Hunde schienen den Weg zu bestimmen. Gegen Ende unseres Ausflugs sah ich vor mir zwei wunderschöne weiße Federn. Sie glichen einem Flügelpaar, das im Sonnenlicht dieses recht frostigen Tages glänzte. Ich wunderte mich über ihre Schönheit. Ein paar Schritte weiter stieß ich auf ein ähnliches „Flügelpaar". Ich hob sie auf, um sie mit nach Hause zu nehmen und in meinem Behandlungsraum auf den kleinen Altar zu legen. Als Victoria kam, ließ sie die beiden Hunde Rufus und Polly im Auto zurück, während wir uns über ihre Probleme und Wünsche für sich und die Tiere unterhielten. Ich fühlte mich veranlasst, die Federn zu erwähnen und meine Kristallschale bei der Behandlung einzusetzen, um negative Bande aufzulösen. Als ich mich auf den Boden setzte, spürte ich große Hände auf meinen Schultern, als ob sie mein Spiel dirigierten. Man „sagte" mir, dass es sich um den Erzengel Michael handele, der mit seinem Schwert der Wahrheit Bindungen aus der Vergangenheit durchtrenne, die Victoria daran hinderten, voranzuschreiten. Michael zeigte mir ihr Bild aus einer früheren Inkarnation, in der sie einer Kriegsgöttin glich, einem sehr grimmigen, mächtigen Wesen. Sie hatte beschlossen, in ihrer jetzigen Gestalt zurückzukehren, um Demut und sanfte Stärke zu lernen. Leider hatte sie aufgrund verschiedener Situationen und Beziehungen im Laufe der Zeit ihre Macht völlig aufgegeben. Sie ist eine sanfte Seele und besitzt ein reines Herz. Unsere Tierführer, besonders Freddy, der einmal ihr Hund gewesen ist und nun auf geistiger Ebene weilt, wollten, dass sie ihre Kraft zurückgewänne und diesmal bedacht nutze. Die heilenden Klänge schienen es Victoria zu ermöglichen, sich als von allen Begrenzungen befreites Lichtwesen zu sehen. Meine Hündin, Winnie, beendete die Heilsitzung mit der Erklärung, dass Freddy die Dinge orchestrierte. Sie lag auf Victorias Schoß, wie Freddy gelegen hätte – obwohl dies ansonsten nicht ihre Art ist. Sie scheint immer zu wissen, was in ihrer Heilsitzung mit „unseren" Klienten erforderlich ist. Die Fähigkeit unserer Tiere, genau zu wissen, wessen es bei einer Heilung bedarf, verblüfft mich immer wieder. Meine eigenen Tiere sind wunderbare „Kollegen". Ich schätze ihre Hilfe und Führung.

Victoria berichtet über die Sitzung:

Freddy

Mein Hund Rufus hat Probleme mit Pferden und Autos, er stürzt sich auf sie und bellt sie an. Er mag nicht an der Leine geführt werden. In einer früheren Existenz ist er ein verhungernder Wolf gewesen. Er war das Alpha-Männchen des Rudels und ich das Alpha-Weibchen. Wir hatten Junge. Ein Hengst brach ihm den Rücken, als er eine Pferdeherde angriff, um seiner Familie Nahrung zu beschaffen. Während der Heilsitzung schrieben wir die Szene um, indem wir ihn rasch und erfolgreich ein schwächelndes krankes Fohlen töten ließen. Ich spürte seine Emotionen. Rufus zeigte sich zuversichtlich und fühlte sich sicher und erfolgreich. Madeleine bot sich an, seinen Rücken zu heilen, er aber wollte, dass ich ihn heilte, um mir zu beweisen, dass ich dazu in der Lage sei. Ich visualisierte sein Rückgrat und tastete mich entlang, bis ich die „schwammige" Stelle fand, an der der alte Bruch ihn immer noch beeinträchtigte. Ich wurde geführt, aus meinem Zeige- und Mittelfinger einen heilenden Lichtstrahl in diesen Bereich zu schicken, der sich zu festigen begann und sich an die restliche gesunde Wirbelsäule anpasste. Rufus bestätigte, geheilt zu sein. Sein zuvor hochstehendes Rückenhaar lag nun flach an. Polly erzählte von ihrem traumatischen Erlebnis. Man hatte sie hochschwanger in einem städtischen Hundezwinger in Irland abgeliefert. Ihre Jungen wurden tot geboren. Kurz darauf wurde sie sterilisiert. Einen Monat lang war sie krank und depressiv. Zu diesem Zeitpunkt nahm ich sie zu mir. Obwohl Madeleine den seelischen Schock fast völlig ausgeheilt hat, empfindet sie selbst nach zwei Jahren noch die für sie äußerst brutale physische Verletzung. Hinzu kam, dass sie ein ähnliches Thema ansprechen wollte, das mich betrifft. Auch ich wurde sterilisiert, was ich heute bedaure, nicht weil ich meine Meinung geändert hätte, kinderlos zu bleiben, sondern weil ich das Gefühl habe, meinen Körper verstümmelt zu haben. Hinzu kommt, dass ich in der Vergangenheit vergewaltigt wurde.

Ich visualisierte Pollys Körper und sah im Bauchraum auf der linken Seite einen dunklen Fleck. Auch in diesem Fall sandte ich aus meinen beiden Fingern einen Lichtstrahl und füllte den dunklen Bereich mit heilendem Licht, bis ich ihre Heilung spürte. Daraufhin forderte sie mich auf, in der gleichen Weise mit mir selbst vorzugehen. Ich visualisierte das Innere meines eigenen Körpers und fand an derselben Stelle einen dunklen Bereich, den ich ausheilte. Ich fühle mich jetzt sehr viel wohler und glücklicher, eine Beziehung eingehen zu können.

Meine beiden Hunde hatten ebenfalls meine Heilung gewünscht und wollten nur bestätigen, dass ich tatsächlich die Kraft besitze, hinzuhorchen und nicht nur sie, sondern auch mich selbst zu heilen.

Madeleines Hund Winnie in meinem Schoß, wie einst mein Seelengefährte Freddy, wirkte heilsam und tröstend. Winnie machte Madeleine darauf aufmerksam, dass ich mein Herz auf emotionaler Ebene überprüfen sollte. Ich fand einige dunkle Bereiche, die ich mit strahlendem Licht durchflutete. Winnie war zufrieden, dass ich alles erledigt hatte, was für den Tag anstand.

Es war eine unglaubliche Sitzung, aber wir waren noch nicht fertig. Victorias Hund, Freddy, meldete sich erneut.

Kapitel 4

KÖNNEN GEMEINSAME TRAUMATA GELÖST WERDEN?

Die Beziehung zu unseren Tieren ist etwas ganz Besonderes. Sobald wir die Gründe für unsere Verbindung erkennen, wird vieles klar. Über den Verlust eines geliebten Wesens kommen wir wohl niemals ganz hinweg. Die inneren Zusammenhänge ihres Dahinscheidens zu erkennen, mildert den Schmerz und lässt ihn eher bewältigen. Obwohl bereits Jahre vergangen waren, hatte Victorias Trauer um Freddy nicht nachgelassen.

Freddy – Victorias Seelengefährte aus der Welt des Geistes

Victoria konnte ihren Schmerz schließlich verstehen und Heilung anstreben. Die Zeit heilt alle Wunden, heißt es. Wir sollten über den Segen, die Freude und die bedingungslose Liebe nachsinnen, die uns unsere Freunde schenken. Dies ist ihr größter Wunsch. Sie kommen zu uns, um unser Leben zu bereichern. Das Gleiche gilt auch umgekehrt. In früheren Inkarnationen mögen wir Menschen ihr Leben bereichert haben.

Ich kam zu Madeleine, um einige Probleme auszuheilen – ich konnte kein Wasser auf Gesicht und Händen ertragen und ein totes Tier berühren – die wohl von einem früheren Leben herrührten. Außerdem litt ich seit sieben Jahren unter Schlaflosigkeit, die nach einem Grippeanfall einsetzte. Vor drei Jahren ging mein Hund Freddy in die geistige Welt hinüber. Ich kämpfe immer noch mit meiner Trauer und dem irdischen Verlust. Ich litt unter wunden Füßen und einer wunden Schulter.

Wir behandelten meine Chakras, um zu sehen, ob sie die Erinnerung an ein vergangenes Leben speicherten. Als wir das Sakral-Chakra erreichten, fühlte ich mich sehr angespannt und sah Buchenlaub. Madeleine nahm mich als Rebecca wahr, eine mittelalterliche weiße Magierin und Kräuterfrau, mit reinen und hohen Absichten. Sie hatte einen streunenden Hund geheilt, den dann jemand aus dem Dorf vergiftete, der einen Grund suchte, um die „Hexe" loszuwerden. Als der Hund starb, rannte Rebecca in die Wälder, um sich zu verstecken und ihren Häschern zu entkommen. Ihre bloßen Füße wurden geschunden und ihre Schulter verfing sich an einem Ast und verrenkte sich. Erschöpft brach sie schließlich zusammen und versteckte sich unter dem Buchenlaub am Boden. Vergeblich bemühte sie sich, wach zu bleiben. Man nahm sie gefangen, band ihre Hände vorne zusammen und schleifte sie an den Haaren zum Fluss. Unter wilden Beschimpfungen stieß man sie hinein und schleuderte ihr den toten Hund nach. Plötzlich erkannte ich, dass jener Mischling in diesem Leben Freddy gewesen war. Sein Körper berührte Rebeccas Schulter, als man ihren Kopf unter Wasser hielt. Sie ertrank.

Dies erklärte so Manches. Wir wurden geführt, jenes Leben nicht umzuschreiben. Ich fühlte, dass dies erst geschehen konnte, wenn wir mein Herz-Chakra erreichten. Ich durchlichtete das tote Buchenlaub und verwandelte es in einen grünen Grasteppich, der mich mit seiner heilenden Erdenergie nicht nur schützte, sondern auch meine wunden Füße heilte. Der Schmerz in meiner Schulter verschwand ebenfalls. Das Solarplexus-Chakra zeigte sich in einem strahlenden senfgelben Licht, allzu strahlend, was mir ein Gefühl von Blöße und Verletzbarkeit gab – so wie ich als Rebecca gefühlt hatte, die sich in die Wälder flüchtete. Ich brachte von oben ein weißes Licht herein, das diese Strahlung in ein sanftes Gelb, das Sicherheit empfinden ließ, abschwächte. In meinem Herz-Chakra konnte ich nur einen schwarzen Klumpen wahrnehmen. Ich hatte

Angst und fühlte mich verloren, leer und verzweifelt. Wir änderten das Skript jenes Lebens. Diesmal gab Rebecca dem Hund ein Mittel, das ihn in einen tiefen Heilschlaf versetzte, so tief, dass man annehmen konnte, er sei tot. Sie konnte in die Wälder fliehen. Der Hund erwachte und war geheilt. Man suchte nach Rebecca, um ihr mitzuteilen, dass der Dorfbewohner, der sie bezichtigte hatte, eine Hexe zu sein, erkannt hatte, dass sie Gutes tat. Er trug sie zurück ins Dorf. Man behandelte ihre Füße, legte sie auf ihr Bett, Freddy dicht neben ihr. Sie schlief tief und fest. Als sie aufwachte, fühlte sie sich sicher und als Mitglied der Dorfgemeinschaft angenommen. Ich konnte ein rosafarbenes Zentrum in meinem Herz-Chakra sehen, umgeben von einem Smaragdgrün.

Wenn ich jetzt an Freddy denke, kann ich lächeln und mich an die Freuden unserer Gemeinsamkeit erinnern. Ich fühle mich innerlich nicht mehr zerrissen, weil er gegangen ist. Ich habe gelernt, mein Leben auch ohne Freddy zu leben. Es war seltsam, dass mich seine physische Abwesenheit zutiefst grämte, ich aber andererseits mit ihm in liebevollen Kontakt zu treten und intuitiv mit ihm zu kommunizieren vermochte und wusste, dass er immer noch an meiner Seite war. Jene Erfahrung erklärt alles. Ich vermisse die körperliche Anwesenheit meines Seelengefährten, darf aber nicht länger meiner Trauer und meinem Schmerz nachgeben. Ich fühle mich in seiner Liebe geborgen. Meine Füße heilen, der Schulterschmerz ist verschwunden und mein Schlafproblem bessert sich.

Victorias Fortschritt und ihr Mut, sich jenem traumatischen Erlebnis zu stellen, begeisterten mich. Die Erleichterung in ihrem Gesicht war deutlich zu sehen, nachdem wir den Ausgang der Szene zum Positiven gewendet hatten. Ihre Gestalt schien vor meinen Augen zu wachsen, da sie ihre Selbstachtung und ihr Selbstvertrauen wiedergewann – dank Freddy.

Alte Hunde sterben nicht

Wir teilen ein Geheimnis, du und ich, das niemand
kennen wird, denn wer, außer mir, sieht dich des Nachts
in einem Feuerschein liegen?
Und wer, außer mir, kann vor dem Schlafengehen die
Hand ausstrecken und deine lebendige Wärme spüren
und deinen seidenen Kopf berühren?
Nur ich kann die Waldwege entlanggehen und deine
kleine Gestalt wie der Wind vor mir herjagen sehen,
wieder so jung und frei.
Und nur ich kann dich schauen, wie du in jedem Bach an
meinem Weg schwimmst. Und wenn ich dich rufe, kann
nur ich sehen, wie sich das Gras beugt.

Meine allererste Erfahrung, das Skript einer vergangenen Inkarnation umzuschreiben, wird im nächsten Fall deutlich. Jess, der ich unendlich dankbar dafür bin, lehrte mich, die Heilung mithilfe von Tieren zu erleichtern. Jess wirkte als Katalysator für diese neue Heilmethode.

„Das Pferd versteht den Menschen bereits besser, als der
Mensch das Pferd jemals verstehen wird."
D. Bennet

Jess – die grünäugige Stute

„Mein Pferd ist so eifersüchtig!", beklagte sich Jenny am Telefon. Sie hatte mich angerufen, weil ihr neues Pferd Jess jedes Mal wild protestierte, wenn sie sich um ihre beiden anderen Pferde, Tigger und vor allem um ihre Stute Vienna, kümmerte. Beschäftigte sie sich eingehend mit Vienna oder bürstete sie diese nur, wurde Jess ärgerlich, trat und schlug gegen die Stalltür und legte die Ohren an. Jenny sorgte sich, dass Jess sich verletzen könne. Da ihr die

Stallungen, in denen sie ihre Pferde unterstellte, nicht gehörten, befürchtete sie, man könnte ihr kündigen, falls sich Jess nicht besserte.

Obwohl Jenny ihre meiste Zeit dem Training der neuen Stute widmete, da Tigger und Vienna nicht mehr geritten werden konnten, schien es niemals zu genügen. Näherte sie sich Viennas Box, stürzte Jess vor und versuchte, Vienna zu beißen, die auf der Koppel die Vorherrschaft besaß. Von den anderen Benutzern der Ställe erfuhr Jenny, dass die beiden Stuten in ihrer Abwesenheit gut miteinander auskamen.

Ich war gespannt auf die Begegnung mit Jess und auf ihre Sicht der Dinge. Als ich die Stallungen erreichte, blickte Viennas kastanienbrauner Kopf aus der Stalltür dem Ankömmling entgegen. Ich kannte sie von einem früheren Besuch, bei dem es um die Frage ging, ob sie noch geritten werden wollte. Tigger war mit seinem Heu beschäftigt. Jess lugte ängstlich aus der Tür, um zu sehen, wer ich war und was ich wollte. Sie war eine wunderschöne scheckige Stute mit einem großen Potenzial, sich als Reitpferd hervorzuheben. Jess bestätigte, dass sich die Stute hervorragend reiten ließ und sich recht gut benahm, obwohl sie stets ein wenig ängstlich zu sein schien. Vor allem an Engpässen wurde sie extrem unruhig. Diesen Hinweis empfand ich als sehr wesentlich. Vorsichtig prüfte ich die Gedanken der Stute, in der Hoffnung, ihre emotionale Lage besser zu verstehen. Ich fühlte eine gewisse Frustration, als sie aufgeregt im Stall umherlief, sowie eine Abneigung, sich mir telepathisch zu öffnen. Geduldig beteuerte ich ihr meine Absicht, ihr helfen zu wollen, dass sie sicher war und ich mein Bestes geben wolle, um ihre Schwierigkeiten zu beheben.

Jess erzählte mir schließlich, den Wünschen Jennys immer entsprechen zu wollen, was diese bestätigte. Es hatte sie sehr aufgebracht, dass sie trotz aller Anstrengung ihre letzte Bleibe verlassen musste. Man hatte sie als einziges Pferd verkauft.

Sie schien zu glauben, ich sei gekommen, um sie zu holen, während Tigger und Vienna bleiben durften, obwohl sie nicht einmal mehr geritten wurden. Die arme Jess. Sie war frustriert und verzweifelt, weil sie nicht wusste, wie sie sich verhalten sollte, um geschätzt und verstanden zu werden. Schließlich begann sie, mir ein früheres Leben, gemeinsam mit Jenny, Tigger und Vienna, zu zeigen. Das Universum schien sie wieder zusammengeführt zu haben, um eine alte Wunde, die immer noch auf ihnen lastete, zu heilen.

Ich nahm eine Szene wahr, die sich in Nordamerika abgespielt haben musste. Jenny, damals ein Mann, ritt auf Tigger und führte hinter sich zwei Packpferde – Vienna und Jess – durch eine Gebirgsregion. Jess, an der Führungsleine mit Vienna verbunden, bildete die Nachhut. In einem Engpass zwischen einigen Felsen sprang plötzlich ein riesiger Gebirgslöwe auf ihren Rücken, biss zu und brach ihr das Genick. Jess stürzte zu Boden. Tigger und Vienna stürmten entsetzt davon, während Jenny sich bemühte, nicht die Kontrolle über sie zu verlieren. Zurückblickend erkannte sie, dass Jess nicht mehr zu retten war. Sie lag im Sterben. Jenny ritt weiter, um die beiden anderen Pferde zu retten. Sterbend sah Jess sich zurückgelassen, während die anderen sich in Sicherheit brachten.

Ehe ich Jenny von meiner Wahrnehmung berichtete, fragte ich sie nach ihrem Empfinden, wenn sie auf dem schmalen Pfad mit dem von Bäumen gesäumten überhängenden Felsvorsprung ritt, von dem sie mir erzählt hatte. Sie gestand, stets das Gefühl zu haben, als stürze etwas aus dem Hinterhalt herunter. Sie konnte sich diese Ängstlichkeit nicht erklären, die wahrscheinlich lächerlich war. Dank Jess vermochte ich ihr eine Erklärung zu geben. Als ich den schrecklichen Tod der Stute beschrieb, spürte ich eine schwere Last in meinem Herzen. Jenny fühlte sich schuldig, traurig und bekümmert, dass sie Jess nicht retten konnte. Wir sprachen über andere Aspekte in Jennys Leben, in denen sie sich als Versagerin fühlte, weil sie sich selbst und andere enttäuschte. Bislang war in ihrem Leben nicht alles glatt gelaufen. Ihr mangelndes Selbstwertgefühl schien darauf zu basieren, dass sie sich immer noch Vorwürfe machte, Jess damals nicht gerettet zu haben. Hier lag die große Chance, das Trauma aller Beteiligten zu heilen. Ich bat Jenny, sich in die damalige Situation zurückzuversetzen, das Seil in der Hand, auf Tigger reitend, plötzlich den Löwen am Felsrand über ihnen auftauchen zu sehen. Jess erleichterte die Umschreibung der Szene, indem sie Jenny als den alten grauhaarigen Goldsucher in jenem Leben zeigte, der an ein raues Leben gewöhnt war und in dieser unwirtlichen Gegend nach Gold schürfte. Tigger glich eher einem Maultier, während es sich bei Vienna und Jess um schwerfällige kleine Braune handelte. Sobald Jenny sich selbst und die Pferde vorzustellen und zu beschreiben vermochte, konnten wir ihre Geschichte umschreiben. Ich ermutigte sie, mit Jess' Hilfe, den tragischen Ausgang abzuändern. Diesmal erschoss sie den Löwen, bevor er angreifen konnte. Alle entkamen. Eine große Last schien von ihr zu fallen. Jess wurde sichtlich ruhiger. Ihre Augen blickten sanfter. Ihre Habacht-Haltung verschwand völlig. Ich hoffte, dass sich dies auf Jennys Leben auswirken würde und dachte darüber nach, in welcher wunderbaren Weise das Universum mit Hilfe der Tiere die unglaublichsten Lösungen findet.

Wenige Tage später begegnete ich zufällig der Besitzerin der Stallungen und erfuhr von Jess Wandlung. Sie war sehr ruhig, weder ärgerlich noch beleidigt, und vertrug sich gut mit Vienna und Jenny. Jenny freute sich über ihren Fortschritt und begann zu erkennen, dass ihr dieses veränderte Verhalten half, in ihrem eigenen Leben voranzukommen.

Kapitel 5

WERDEN WIR UNS WIEDERBEGEGNEN?
WIE WERDEN WIR UNS ERKENNEN?

Viele Menschen wollen wissen, ob ihre Tiere zu ihnen zurückkehren, eine Frage, auf die auch ich gerne eine Antwort wüsste. Man fragt sich, wie man sein früheres Haustier erkennt, und was geschieht, wenn man das falsche Tier wählt. Es gibt keine Fehler und auch keine Zufälle. Unsere Tiere finden *uns*. Sie wissen ihre Schritte in unser gemeinsames Leben einzuweben. Es ist wunderbar, wenn mir ein Tier sein zukünftiges Leben vor Augen führt. Dies geschieht nicht immer, da sie manchmal die Erfahrung ihres Besitzers nicht beeinflussen möchten. Im folgenden Fall zeigte mir die Rottweilerhündin Brandi sehr deutlich, dass sie in derselben Gestalt zurückkehren werde.

Silvia und Brandi

Silvia, Brandis Besitzerin, hatte innerhalb von neun Monaten drei Hunde verloren. Ben (ihr „Heiliger") zählte neun Jahre. Aufgrund seines Alters, seiner Rasse und Größe kam sein Tod nicht unerwartet. Später starb plötzlich die dreijährige Rottweilerhündin Summer, die kurz zuvor Junge geworfen hatte. Einer der Welpen, Brandi, starb mit nur siebeneinhalb Monaten an Bauchfellentzündung, die zu spät erkannt wurde.

Silvia fragte sich, ob die Operation mit dem Tod der kleinen Hündin, mit dem sie sich nicht abfinden konnte, in Zusammenhang stand. Sie fühlte sich schuldig. Silvia wollte wissen, warum das Tier so früh aus dem Leben scheiden musste, und ihm sagen, wie sehr sie es bedauere, sie beim Tierarzt gelassen zu haben, der zugeben musste, dass er die Lage nicht richtig erkannt und den Hund vernachlässigt hatte.

Silvia empfand, dass Summer ihre Tochter zu sich rief. Brandi war ihr Liebling gewesen. Sie hatte sich immer Zeit genommen, mit ihr alleine zu spielen.

Ich glaube, zwischen Summer und Brandi bestand eine enge Verbindung. Sie hatten sich vorgenommen, nur kurz auf dieser Ebene zu verweilen. Brandi wollte in dieser Zeit ihren physischen Hundekörper erleben, war aber niemals wirklich geerdet, obwohl man ihr viel Liebe entgegenbrachte, sowohl von ihrer leiblichen Mutter als auch von ihrer Menschenmutter. Summer blieb so lange, bis sie ihr gegenseitiges Abkommen erfüllt und Brandi zur Welt gebracht hatte. Betrachtet man das Gesamtbild, erkennt man, wie vollkommen es sich ineinander fügt, obwohl die Situation auf menschlicher Ebene kaum verständlich ist. Man fragt sich, warum es den beiden Tieren verwehrt blieb, länger zu leben.

Der Tod meines jungen Hundes Pillow brach mir schier das Herz. Von geistiger Ebene aus gab sie mir eine Erklärung und schickte Winnie, unseren gesprenkelten Rettungshund. Ein Hundewart fand sie in dem Moment, in dem Pillow von uns ging, wie wir später von einem Freund, der es gesehen hatte, erfuhren. Ich glaube, Pillow sorgte dafür. Sie ließ mich wissen, dass sie sich in einem irdischen Körper zu schwerfällig fühlte und reine Energie sein wollte.

Brandi wird zurückkehren, und Summer wird sie von der geistigen Ebene aus beschützen. Vielleicht wird sie als Welpe in Ihrer Zucht erscheinen, oder Sie erfahren von einem anderen Wurf und wissen mit einem Blick, wer Brandi ist. Ich kann nachempfinden, wie sehr es schmerzt, zwei so junge Hunde zu verlieren. Es mag ein Trost für Sie sein, dass sie schon ihre Wiedergeburt planen. Wie Summer bereits ankündigte, wird sie auf der geistigen Ebene warten. Es würde mich nicht überraschen, wenn sie diesmal als Brandis Junges zurückkommt. Ich habe das Gefühl, dass sie diesen Rollenwechsel im Laufe vieler Inkarnationen übernommen haben. Wahrscheinlich begleiten die beiden Sie bereits seit vielen Leben (möglicherweise aus demselben Wurf). Alle Ihre Hunde lieben Sie, auf physischer wie auf geistiger Ebene. Haben Sie also keine Angst. Brandi und Summer werden erneut den Weg zu Ihnen finden, vielleicht beide als Rottweiler. Seien Sie offen für alles und lassen sich überraschen.

Brandi möchte auf jeden Fall zu Ihnen zurückkehren, um Sie zu beruhigen. Ich habe das Gefühl, dass sie vor der Operation nicht ausreichend gereinigt wurde, da der Tierarzt in Eile war. Der Schnitt entzündete sich. Ihr Immunsystem war nicht in der Lage, gegen die Peritonitis und diese zusätzliche Entzündung anzukämpfen, da die Operation sie geschwächt und erschöpft hatte.

Ihre Liebe wird niemals sterben. Sie werden sich in unterschiedlicher Gestalt immer wieder begegnen, bis alle erforderlichen Lektionen gelernt wurden. Lassen Sie es mich wissen!

Es gibt verschiedene homöopathische Mittel, die Ihnen helfen können, Ihre Trauer zu bewältigen – nicht zu vergessen. Ihre Einstellung zu den Gegebenheiten. Ich weiß nur allzu gut, wie schwierig es sein kann. Vielleicht probieren sie Nat Mur von Schüssler.

Ein Jahr später hörte ich wieder von Silvia. Sie hatte beschlossen, vorläufig keine Hunde mehr zu züchten, aber aus ihr unerklärlichen Gründen Kontakt zu einem anderen Züchter von Rottweilern aufgenommen, der einen Wurf erwartete. Sie hatte ein gutes Gefühl bei der Sache, wollte aber von mir hören, ob Brandi möglicherweise in dem neuen Wurf sei. Brandis Schwester Gretchen vermisse Brandi ebenso wie sie selbst. Sie wollte wissen, inwieweit sie an der Rückkehr ihres geliebten Hundes teilhaben konn-

Brandis Rückkehr

te. Das Universum schien die beiden erneut zusammenführen zu wollen. Ich glaube an die innere Stimme. Es gibt keine Zufälle. Ich riet Silvia, sich still mit einem Bild von Brandi hinzusetzen, vielleicht ihr Halsband in die Hand zu nehmen und sich ihre Augen vorzustellen, da dies der beste Weg sei, sie in dem neuen Wurf zu erkennen. Ich schlug ebenfalls vor, sich an Brandis Lieblingsplatz niederzulassen, damit deren Energie in ihren Körper dringe, selbst wenn es sie zu Tränen rührte, da es sich um Freudentränen handelte.

Silvias letzter Bericht spricht für sich selbst.

Hi Madeleine!

Am Mittwoch, dem 29. Juni, holten wir unseren Welpen. Wir konnten zwischen einem mit violetten und einem mit schwarzem Halsband wählen. Ersterer war sehr freundlich und nicht schüchtern, während sich der andere zurückhaltend verhielt und sich mir nur zögernd näherte. Der Züchter meinte, ich solle den mit dem violetten Halsband nehmen, da er vollkommener sei. Ich fühlte mich jedoch zu dem andern Welpen hingezogen.

Zurück im Hotel, zeigte er seine Dominanz. Gingen wir mit ihm spazieren, versuchte er alles zu fressen, was er auf dem Boden fand – wie meine „erste" Brandi. Als wir heimkamen, schien sie alles zu kennen und sich sofort zu Hause zu fühlen. Innerhalb weniger Stunden kannte sie ihren Namen und zeigte sich als Fluchtkünstler – genau wie Brandi. Innerhalb von zwei Tagen hat Gretchen sie als ihre beste Freundin erkoren. Sie spielen zusammen. Ich kann sie getrost alleine lassen.

Sobald ich ein gutes Foto von ihr aufgenommen habe, werde ich es Ihnen schicken.

Danke für Ihre Ratschläge,

Silvia.

Tessie und Bailey

Es macht mich glücklich, wenn ich höre, dass unsere Tiere zurückkommen und wir sie eigentlich niemals verlieren. Josie hatte Kontakt zu mir aufgenommen, weil sie über das Dahinscheiden ihres Hundes Tessie nicht hinweg kam. Auch Roly, ihr anderer Hund, sehnte sich nach Tessies physischer Gegenwart.

Mutterliebe und Loyalität

Wenn ich in Tessies Augen schaue, sehe ich eine solche Hingabe, dass es nicht schwerfällt, die enge Bindung zu erkennen. Ihre mütterlichen Eigenschaften wird sie auf geistiger Ebene beibehalten. Ihr alter Körper hat sie schließlich im Stich gelassen. Sie musste gehen, um sich zu regenerieren und eine neue physische Hülle zu finden, in der sie ihre wertvolle Arbeit fortsetzen kann. Sie ist ein besonderes Wesen und hat ihr Alter an Weisheit übertroffen. Sie war für alle eine gute Lehrmeisterin. Roly vermisst ihre Führung. Mit ihrer mütterlichen Energie schmiegte sie sich an und wusste zu trösten. Sie scheint in diesem vergangenen Leben eine große Aufgabe übernommen zu haben und wird zurückkommen, um sich eine Pause zu gönnen. Vielleicht wird Roly ihren eigenen Weg finden, anstatt sich nur auf Tessie zu verlassen. Tessies innere Organe funktionierten am Ende nicht mehr gut. Die Last der Verantwortung drückte sie nieder. Bitte erregen Sie sich nicht bei diesem Gedanken. Sie hatte diese Rolle gewählt und liebte sie. Sie zeigt mir einen sehr lebendigen cremefarbenen Welpen mit hellen Augen von großer Tiefe. Ich denke, Sie werden alle Hände voll zu tun haben. Tessie zeigt mir eine hellblonde, gutherzige Dame, die ein gelbes Top und Goldschmuck trägt. Entweder handelt es sich um die Züchterin oder um die Person, die Sie in irgendeiner Weise mit dem Wurf in Verbindung bringen wird, in dem Sie Tessie finden werden.

Roly hat sich recht vereinsamt gefühlt und ebenso wie Sie eine große Leere im Haus empfunden. Ich glaube, Sie beide vermissen Tessie so sehr, weil sie diese beschützende, liebevolle Energie ausstrahlte. Die Bachblüte Star of Bethlehem könnte hier helfen.

Tessie kam in Ihr Leben, um Sie Liebe und Vertrauen zu lehren. Es ist Ihnen nicht immer leichtgefallen, anderen zu vertrauen und Ihr Herz zu öffnen. Tessie meint, durch Ihre Trauer und das Gefühl von Verlust hätten Sie hinzugelernt. Sie sollten Ihr Herz nicht wieder verschließen, sondern versuchen, den Schmerz gehen und die Liebe, die Sie miteinander geteilt haben und wieder teilen werden, einzulassen. Auf geistiger Ebene lässt sich der Begriff „Zeit" nicht festlegen. Halten Sie durch und lassen Sie sich überraschen. Machen Sie sich auf etwas gefasst, denn dieser Welpe wird wie ein Wirbelwind in Ihr Haus kommen.

Josie antwortete:

Wir haben einen neuen Welpen, den wir Bailey nennen. Er ist cremefarben mit weißen Flecken. Als ich im Internet auf ihn stieß, konnte ich mich nicht von seinen Augen trennen, die mich einzusaugen schienen. Es mag seltsam klingen, aber dieses Gefühl überkommt mich jedes Mal, wenn ich ihn jetzt anschaue. Ich kann den Blick nicht von ihm nehmen. Am Anfang war ich glücklich und traurig... Eine Weile hatte ich gemischte Gefühle und fühlte mich schuldig wegen Tessie. Roly wird oft ärgerlich mit ihm. Ich hoffe, dies wird sich mit der Zeit legen.

Sie hatten recht. Bailey ist ein Wirbelwind. Die blonde Dame ist die Züchterin. Tessie sorgte wirklich für einige Überraschungen.

Die Zeitspanne lässt sich nur schwierig voraussagen, doch mitunter vergeht nur eine kurze Weile. Ich erstellte einmal ein Reading für jemanden, der seine Katze Smokey verloren hatte. Es wurde mir ein schwarzes Kätzchen gezeigt, das zu gegebener Zeit bei Smokeys trauernder Besitzerin auftauchen würde. Ich hatte nicht erwartet, so bald von ihr zu hören. Die Antwort kam postwendend.

Madeleine, ich kann es kaum glauben! Ich hatte gerade Ihren Brief gelesen, als ich etwas am Fenster bemerkte. Ein kleines schwarzes Gesicht mit unwahrscheinlich gelben Augen starrte mich an. Es war ein schwarzes Kätzchen. Ich öffnete das Fenster und es spazierte herein, als wäre es hier zu Hause.

Einige Zeit später schrieb sie mir, dass sie versucht hatte, den Besitzer des Kätzchens ausfindig zu machen, aber niemand in der Gegend vermisste es. Smokey war zurückgekehrt, kurz nachdem er mir von seiner neuen Inkarnation mitgeteilt hatte.

Wissen spricht, Weisheit hört zu.
Jimi Hendrix

Noon, der Katalysator

Der folgende Fall handelt von einer Person, die über fünfzig Jahre ein entsetzliches Trauma mit sich herumtrug, sowie von ihrer Heilung, die sie der Katze Noon, den Pferden Micah, Crystal, Pashar und Merlin und dem Ochsen Tesoro verdankte.

Gillian war eine erfolgreiche Heilpraktikerin und sehr bewandert in einer Vielzahl von Heilmethoden. Dennoch plagten sie fast ihr Leben lang die schrecklichsten Kindheitserinnerungen. Jahrelang hatte sie diese und die damit verbundenen Gefühle in sich hineingefressen, die immer wieder an die Oberfläche traten.

Noon

Als ich Gillian zum ersten Mal in Kanada bei einem Retreat begegnete, befand sie sich in einem sehr angespannten Zustand. Ich vermute, sie fragte sich, was sie dort verloren hatte, nahm aber mutig an allen Aktivitäten teil. Sie arbeitete gut mit den Pferden,

92

erlernte die natürliche Reitkunst und nahm Verbindung zur Herde auf, die bereit war, mit uns als Pferde-„Therapeuten" zu wirken. Sie sprach über ihren Mann, der zwar seine Pferde liebte, ihnen aber eher in der herkömmlichen Weise gegenübertrat. Sie zweifelte daran, ihn zu dieser neuen, freien und sanften Arbeitsweise mit Pferden überreden zu können. Er schien ein netter Mann zu sein, aber nicht jemand, der zu unüberlegten oder spontanen Handlungen neigte – so dachten wir jedenfalls.

Am zweiten Tag lag Gillian auf einem der Behandlungstische, die so aufgestellt waren, dass die Pferde herüberkommen konnten. Aber nicht ein Pferd, sondern Noon, ein wunderschöner schwarzer Kater, machte an jenem Tag den Anfang. Es schien ihm viel daran gelegen zu sein, sich bemerkbar zu machen, eine interessante Tatsache, denn Gillian hatte erwähnt, dass sie seit jenem Kindheitserlebnis angenommen hatte, niemals mehr eine Katze besitzen zu können. Sie glaubte, sie nicht beschützen zu können, ein Gefühl, das aus jenem Erlebnis und der damit verbundenen Hilflosigkeit stammte. Ich interpretierte Noons Heilungsbotschaft. Eines der jungen Pferde, Micah, kam herüber, um Gillian zu beruhigen und seine eigene Heilenergie hinzuzufügen. Während ich arbeitete, verkündete Noon klar und deutlich: „Ich bin der Katalysator. Sie muss wieder einige Katzen in ihr Leben bringen!"

Er schien sehr stolz auf seine Äußerung zu sein. Sie können Ihre eigenen Schlüsse aus Gillians Bericht ziehen, aber ich denke, jene Kätzchen traten in ihr Leben zurück, um Gillians lebenslangen Schmerz endlich zu beenden, angestiftet von dem „Katalysator" Noon!

Als ich zum ersten Mal auf dem Tisch lag, sprang die „schwarze magische" Katze herauf und rannte zwischen meinen Schultern und meinen Füßen scheinbar aufgeregt hin und her. Am nächsten Morgen fühlte ich mich innerlich aufgewühlt. Die alte Geschichte mit meinem Vater und den Katzenjungen nagte wieder an mir. Obwohl ich auf verschiedene Weise daran gearbeitet und Schicht um Schicht abgetragen hatte, verblasste die Erinnerung nicht.

Aufgrund der Liebe und Heilung, die ich in jener Woche erfahren habe, vor allem die besondere Aufmerksamkeit, die mir Micah, Crystal, Merlin und Pashar und nicht zuletzt Tesoro entgegenbrachten, ist es mir wohl schließlich gelungen, loszulassen. Ich erinnere mich an den Moment, in dem Tesoros Kopf neben mir auftauchte und ich eine Träne über sein großes Gesicht laufen sah. Diese sichtbare Bestätigung erstaunte und bewegte mich. Es schien, als habe er für mich alle Schwierigkeiten auf sich genommen.

Tesoro

Wieder zu Hause, überraschte mich Don, mein Mann, mit der Ankündigung, Kevin, unser Enkel, habe mir etwas zu zeigen. Gemeinsam gingen wir zur Scheune, in der mich nicht nur drei, sondern fünf junge Kätzchen anschauten, drei schwarze Weibchen, ein weißer schwarzgefleckter und ein weißer graugefleckter Kater. Für den Bruchteil einer Sekunde sah ich das Bild von fünf Katzenjungen in Puppenkleidern. Normalerweise hätte diese Vision starke Angstgefühle und Tränen in mir ausgelöst. Diesmal verschwand das Bild fast augenblicklich. Es gab weder Tränen noch Angstgefühle. Ich empfand nur Liebe, als ich mit ihnen spielte.

Im Alter von vier Jahren saß ich am Ende des Gehweges vor dem Haus und spielte alleine mit den fünf Kätzchen in der Schachtel und zog ihnen die Kleider meiner Puppen an. Ich wollte sie in meinem Puppenwagen spazieren fahren.

Auf seinem Weg in die Scheune blieb mein Vater bei mir stehen. Ich saß ganz still, denn ich fühlte – wusste – dass etwas Schreckliches passieren würde. Er beugte sich herunter, nahm eines der Kätzchen und entfernte sich mit ihm. Ich fragte mich, was er vorhatte, und beobachtete ihn. Ein paar Schritte weiter blieb er an einem Telefonmasten stehen und knallte den Kopf des Katzenjungen dagegen, kam zurück und warf es in die Schachtel. Als er nach dem nächsten Jungen griff, schaute ich nicht mehr hin. Ich blickte in die Schachtel und sah, dass ein Auge aus der Höhle hing und Blut aus seinem Maul floss. Von da an schaute ich nur geradeaus.

Als er alle fünf vernichtet hatte, meinte er: „Wir haben genug Katzen auf dem Hof. Wir können sie nicht alle behalten. Wirf sie auf den Misthaufen!" Ich gehorchte und kippte sie fort wie Müll. Ein Kätzchen zuckte noch. Ich wusste nicht, was ich tun sollte und hätte es ohnehin nicht vor meinem Vater retten können. Meine Puppensachen warf ich hinterher.

Eine Zeit lang glaubte ich, mein Vater könne mich ebenfalls töten, und fürchtete mich sehr vor ihm. Ich beobachtete, wie er auch andere Tiere misshandelte. Er pflegte eine Kuh zu treten, wenn sie sich nicht schnell genug vorwärts bewegte oder einen Milcheimer umstieß. Ich glaube, es ist ihm niemals zum Bewusstsein gekommen, wie sehr er mir geschadet hat. Es war mir unbegreiflich, warum er diese Dinge vor meinen Augen tat.

Ich habe niemals mit jemandem darüber gesprochen, sondern alles in mich hineingefressen. Erst als ich mit fünfzig Jahren begann, meine Probleme aufzuarbeiten, habe ich mich mit jenen Erlebnissen auseinandergesetzt.

Gott allein weiß um die unvorstellbare Unmenschlichkeit auf diesem Planeten, die Mensch und Tier erdulden müssen. Zum ersten Mal habe ich in dieser Angelegenheit inneren Frieden gefunden. Ich konnte diese Geschichte niederschreiben, ohne Tränen dabei zu vergießen oder eine gewisse Schwere zu empfinden, nur ein wenig Traurigkeit, dass es so etwas überhaupt gibt. Vor allem aber fühle ich mich befreit.

Kapitel 6

KÖNNEN GESUNDHEITLICHE PROBLEME MITHILFE VON RÜCKFÜHRUNGEN GEHEILT WERDEN?

Die oftmals unmittelbar auftretenden physischen Resultate, wenn der Mensch seine Vergangenheit aufarbeitet, erstaunen mich immer wieder. Wird das physische Symptom an der Wurzel gepackt und der Betreffende von dem damit verbundenen Trauma und der einhergehenden Furcht befreit, scheint es sich zu erübrigen, dass der Körper die seelische Wunde weiterhin auf zellulärer Ebene mit sich schleppt. Ich bewundere unsere geistige Kraft. Wir sind uns kaum bewusst, zu was wir fähig sind. Wenn wir unseren Körper mittels unserer Gedanken in ein Ungleichgewicht stürzen können, sind wir auch in der Lage, diese Symptome auf demselben Weg umzukehren, indem wir uns unseres inneren Wissens und des Glaubens an uns selbst bedienen. Es hat jedoch den Anschein, dass der Mensch es zulässt, dass Furcht und Negativität ihn beherrschen, anstatt sich auf eine positive, furchtlose Liebe zu konzentrieren. Die Liebe in den Mittelpunkt zu stellen, ist schwieriger und bedarf großer Anstrengung. Andererseits kann es hilfreich sein, auf unser Inneres zu hören. Traumata können so tief in uns vergraben sein, das man mitunter kaum Zugang zu den negativen Erinnerungen findet, um sie zu lösen. Glücklicherweise vermögen uns unsere Tiere den Weg zu weisen. Der folgende Fall beschreibt die wohl dramatischste „Veränderung", die ich jemals erlebt habe.

Seamus, Mary und Raj

Man rief mich zu einem wunderschönen Pferd namens Seamus, einem scheckigen Grauen. Er stapfte schnaubend umher, als ich versuchte, ihm zu erklären, dass ich helfen wolle. Er fürchtete sich nicht nur vor dem Pferdetransporter, sondern auch davor, geritten zu werden. Neben diesen unmittelbaren Problemen schien es einen tieferen Grund für sein Verhalten zu geben. Seine Sorge galt einem Pferd, das meiner Hilfe bedurfte. Seamus Besitzerin glaubte, es handele sich um das Pferd ihrer Tochter. Raj wurde zunehmend unberechenbarer, in einem Maße, dass sie sich mitunter um Marys Sicherheit sorgte. Seamus blinzelte mir zu und zeigte mit dem Kopf auf ein großes kastanienbraunes Pferd am Ende des Stalles. Ich hörte ihn innerlich sagen: „Um alles in der Welt, hilf ihnen. Sie haben echte Probleme!"

Raj beäugte mich ein wenig misstrauisch, als ich mich seiner Box näherte. Er war ein recht großes, kräftiges Pferd. Neben ihm erschien Mary geradezu winzig. Sie beschrieb einige ihrer Schwierigkeiten, vor allem dass er sein Selbstvertrauen verloren hatte und es ihm schwer zu fallen schien, links abzubiegen. Auf meine Frage erwiderte Raj, wenn sie ihm mehr vertraute, könnte sie ihn besser führen, und wenn sie an ihn glaubte, würde sie auch sein Selbstvertrauen stärken. Ich bemerkte eine große dunkle, weiß umrandete Stelle an seiner rechten Schulter. Mary erzählte mir, dass er diesen dunklen Fleck bereits seit seiner Geburt trage. Von einer Verletzung wusste sie nichts.

Irgendetwas machte mich stutzig. Ich stimmte mich auf die Energie der Schulter ein und bat Raj, mich auf die Ursache seiner Sorgen aufmerksam zu machen. Ich konnte Granatsplitter „sehen", die, als Erinnerung in der Schulter eingebettet, nur als Energie existierten. Mein Vorgehen muss Mary und ihrer Mutter seltsam erschienen sein, da ich in ihren Augen nur dünne Luft aus Rajs Schulter zu ziehen begann, während ich die Energie der Splitter entfernte. Anschließend füllte ich den Bereich mit heilendem Licht. In diesem Moment fühlte Mary einen stechenden Schmerz in ihrer linken Schulter.

Ich beschrieb eine Szene auf dem napoleonischen Schlachtfeld, die Raj vor meinen inneren Augen ablaufen ließ. Raj war damals ein kräftiges graues Pferd und Mary ein Soldat. Mitten in einem Kanonenfeuer stürmten sie über das Schlachtfeld, als eine Kanonenkugel neben ihnen explodierte und sie breitseitig erwischte. Metallsplitter flogen in Rajs Schulter und warfen beide auf die linke Seite. Raj starb an seiner Verwundung, während Mary es irgendwie schaffte zu überleben, obwohl sie unter ihrem Pferd zusammengebrochen war. Sie trug ernsthafte Verletzungen davon und behielt einen verkümmerten Arm und eine Schwäche in der gesamten linken Körperhälfte zurück.

Ich bemühte mich, die negative Energie aus Marys Arm zu entfernen, und fragte sie, ob sie sich die Szene, die Raj mir gezeigt hatte, vorstellen könne. Zu ihrer eigenen Überraschung gelang es ihr, jedes Detail ihrer Uniform zu beschreiben und wie sie beide in jenem Leben ausgesehen hatten. Sie fühlte ein Prickeln, so als verändere sich etwas in ihrem Arm. Dann erzählte sie mir, dass sie immer eine gewisse Schwäche in ihrem linken Arm und in der gesamten linken Körperseite empfunden habe und es ihr daher nicht leicht falle, Raj zu führen und unter Kontrolle zu halten. Ich war mir sicher, dass hierin Rajs Schwierigkeit lag, links abzubiegen.

Die frische Energie in Marys Arm stieß im Ellbogenbereich auf eine Blockade. Ich bat Raj, mir zu helfen, sie zu beseitigen. Mary sollte sich kleine Hähne an ihren Finger vorstellen, die man öffnen konnte, um die gestaute Energie abfließen zu lassen. Ich öffnete die imaginären Hähne und visualisierte eine dunkle, sirupartige Energie, die herausfloss. Mary sah sie sich in weiße Gänseblümchen verwandeln, die gen Himmel schwebten und das Trauma mit sich forttrugen. Sie stellte sich vor, dass die kleinen Blüten ihren Schulterschmerz fortnahmen. Sie löste den Druck in ihrem Kopf, indem sie Gänseblümchen aus ihrem Mund blies. Letzteres Bild empfand ich als besonders bemerkenswert, da in der Homöopathie Bellis perennis bei tief sitzenden Traumata verabreicht wird.

Anschließend bat ich Mary, sich einen anderen Ausgang der Schlacht vorzustellen, indem es ihr und dem Pferd gelang, dem Kanonenfeuer auszuweichen und sich in Sicherheit zu bringen. Plötzlich wurde Mary leichenblass und rief, es werde ihr übel. Sie sah aus, als wolle sie jeden Moment kollabieren. Leichenblass glitt sie die Stallwand hinunter und ließ sich auf einem Heuhaufen nieder. Raj stieß einen tiefen Seufzer aus und drohte, auf dem Stroh zusammenzufallen, die Augen fest geschlossen und das Maul schnaubend und stöhnend auf den Boden gepresst. Ich war ziemlich beunruhigt, da ich noch niemals eine solche Reaktion von Tier und Besitzer gleichzeitig erlebt hatte. Andererseits wusste ich, dass es an der gewaltigen energetischen Veränderung der zellulären Erinnerungsstruktur lag. Ich forderte Mary auf, mehrmals tief zu atmen und sich auszuruhen. Wir stellten uns vor, wie frische Energie den Arm durchströmte und sich die Hähne an den Fingerspitzen schlossen, um diese neue Heilenergie zu versiegeln. Schließlich kehrte die Farbe in Marys Wangen zurück. Sie stand wieder auf. Raj atmete immer noch schwer. Im Bemühen, Mary und sich zu helfen, die Vergangenheit loszulassen, hatte er sich verausgabt und benötigte dringend Ruhe, um sich zu erholen und an die neue Energie zu gewöhnen.

Marys Mutter und ich halfen Mary ins Haus. Ihre gesamte linke Seite fühlte sich kraftvoller an. Sie war erstaunt, dass sie den Teebecher festhalten konnte. Bis dahin war es ihr unmöglich gewesen, ihre linke Hand zur Faust zu ballen. Auf unserem Weg zurück in den Stall kamen wir an Seamus vorbei. Ich hörte ihn sagen: „Es wurde auch Zeit!" Als wir Rajs Box erreichten, lehnte er lässig über der Stalltür und schaute drein, als sei nichts geschehen. Seine Augen blickten ruhig. Im Gegensatz zu seinem vorherigen Verhalten schien er sehr glücklich und entspannt zu sein.

Bevor ich mich verabschiedete, riet ich Mary, dass sie und Raj sich in den nächsten Tagen ausruhen sollten. Ich fragte mich, ob sich Seamus in seiner Weisheit nicht bewusst übertrieben verhalten hatte, um seine Besitzer zu zwingen, mich kommen zu lassen und das eigentliche Problem zu „entdecken". Die offensichtlichen körperlichen Auswirkungen der damaligen Inkarnation auf Mary und Raj sowie die Lösung des Traumas waren erstaunlich. Ich war gezwungen, auf meine Führung zu hören und trotz der dramatischen Reaktion darauf zu vertrauen, dass es keine andere Wahl gab, um eine möglichst tiefgreifende Heilung herbeizuführen.

Lady – das „umgekehrte" Pferd

In vielen Fällen sind physische und emotionale Herausforderungen eng miteinander verknüpft. Körperliche, durch die Erinnerung an vergangene Leben ausgelöste Probleme erweisen sich meistens nur als Teil eines Gewebes, das entwirrt werden muss. Furcht und Schmerz, für die es keine Erklärung gab, traten bei Ross und Reiter zu einem Zeitpunkt an die Oberfläche, der sich optimal für eine tiefgreifende Heilung eignete.

Christina erwachte von einem glühend heißen, stechenden Schmerz in ihrem Bein. Obwohl sie die ganze Nacht im Bett gelegen und geschlafen hatte, schrie sie schmerzvoll auf: „Mutter, ich glaube, mein Bein ist gebrochen!" Man half ihr aus dem Bett, und nach einer Weile begann das Bein wieder normal zu funktionieren. Christina litt immer noch unter Schmerzen, aber sie und ihre Mutter beschlossen, die Tiere zu füttern und sich um sie zu kümmern.

Die Familie hatte viele Tiere in ihrer Obhut. Die meisten Sorgen bereitete ihr Lady, das graubraune Pony. Es war inzwischen achtzehn Jahre alt und seit sechs Jahren in ihrem Besitz. Im Laufe der letzten Jahre hatten sich sein Wunsch und seine Fähigkeit zu springen ohne ersichtlichen Grund verringert. Am Tag von Christinas „Phantom"-Beinbruch sollte ich, wie besprochen, kommen, um die Ursache für Ladys Verhalten herauszufinden.

Brian, eine schwarze Corgi-Kreuzung, halb so hoch und doppelt so lang wie die meisten Hunde, begrüßte mich und überwachte sorgsam die Vorgänge. Er führte mich zu Ladys Stall, wo ihr hübsches graubraunes Gesicht mir bereits erwartungsvoll entgegenblickte. Ich war gespannt auf sie, da ich im Vorfeld einer Haarprobe aus ihrem Schwanz und einem Foto interessante Einzelheiten entnommen hatte.

Ich wusste nichts von Christinas Beinproblem, bis sie zu schwanken begann und ihre Mutter fragte, ob sie sich nicht setzen könne. Man erzählte mir von dem morgendlichen Vorfall. Instinktiv spürte ich einen Zusammenhang mit Lady und ihrer Angst. Auf dem Foto hatte ich eine dunkle Linie wahrgenommen, die auf einen Rückenbruch hindeutete. Als ich ihr Schwanzhaar in der Hand hielt, erkannte ich eine furchtbare Angst. Lady blickte mich mit ihren sanften Augen an und bat, Christina nach ihrem Eindruck bei ihrer ersten Begegnung zu fragen. Diese meinte, das Pony hätte sehr traurig und extrem dünn ausgesehen und nicht im richtigen Umfeld gelebt. Außerdem hatte Christina gemeint, Lady biege Hals und Rücken in die verkehrte Richtung. Sie selbst hatte eine tiefe Traurigkeit empfunden. Ohne es sich erklären zu können, wusste sie, dass Lady und sie zusammengehörten.

Später erfuhren sie und ihre Mutter von Ladys Sprungkraft und den Preisen, die sie gewonnen hatte. Umso mehr verwunderte es, dass sie trotz ihres neuen Zuhauses ihre Furcht auch nach Monaten nicht zu verlieren schien. Man konnte keine negativen Erlebnisse verzeichnen: Ihr Sattel saß einwandfrei, ihr Rücken war behandelt worden und Christina war eine hervorragende Reiterin. Warum also schreckte Lady vor dem Springen zurück?

Als ich an Ladys Rücken entlang arbeitete und Heilenergie einfließen ließ, spürte ich auf halber Strecke eine Blockade zwischen Widerrist und Becken. Ich konnte einen „Bruch" fühlen, eine Erinnerung im Gewebe an ein vergangenes Leben. Ein Spalt in der blauen Körpersilhouette zeigte mir deutlich die Stelle. Sie lag im Bereich des Solarplexus-Chakras, ein Bereich, in dem Probleme auf emotionaler Ebene das Selbstwertgefühl und Selbstvertrauen beeinträchtigen können. Ich bat Lady, mir zu zeigen, was geschehen war. Sie erwiderte, ich solle Christina fragen, in welchem Bein sie Schmerzen spüre. Als diese auf ihr linkes Bein wies, fiel es mir wie Schuppen von den Augen. Natürlich! Beide hatten den Unfall erlebt und mussten dieses Erlebnis hier und jetzt verarbeiten, um in ihrem Leben voranschreiten zu können. Die linke Körperseite wird allgemein dem femininen Aspekt zugeschrieben. Physische Beschwerden auf dieser Seite beziehen sich angeblich auf weibliche Themen oder Menschen, die uns emotional beeinflusst haben. Beschwerden im Bein weisen gewöhnlich auf die Unfähigkeit hin, den „nächsten Schritt zu tun". Dieser Zusammenhang mit dem weiblichen Aspekt betraf nicht nur Lady, sondern auch die Probleme in Christinas Leben, die sie daran hinderten, vorwärts zu gehen. Irgendetwas oder irgendjemand untergrub ihr Vertrauen und ihr Selbstwertgefühl. Ich war mir sicher, dass dies mit dem ineinander verwobenen Lebensgewebe der Vergangenheit zusammenhing, das sich allmählich vor mir zu entwirren begann.

Als Lady erneut ihre Emotionen durchlebte, gewann ich den Eindruck von ungeheurer Angst. In dem verzweifelten Bemühen, mongolischen Räubern zu entfliehen, sah ich ihre Beine über die Steppe galoppieren. Die beiden waren bereits viele Kilometer geritten, als sich plötzlich eine gähnende Fels-schlucht vor ihnen auftat. Christina war damals ein in Leder und Fell gekleideter Mann und Lady ein dunkles stämmiges Tier mit einer bunten Satteldecke und einem einfachen Sat-tel und Zaumzeug. Da es keine andere Fluchtmöglichkeit gab, wagte Lady einen Sprung. Sie stürzte und brach sich den Rü-cken. Christina brach sich ihr linkes Bein. Sie würde von Mit-gliedern ihres Stammes gerettet, die bereits nach ihr suchten. Lady starb. Christina überlebte. Sie empfand tiefe Traurigkeit über den Verlust ihres Pferdes, das sein Leben für das seiner Reiterin gab.

Als ich diese Szenen beschrieb, bemerkte ich, dass Chris-tina blass geworden war und zitterte. Ich fragte sie, ob es in ihrem Leben etwas gebe, das sie zurückhalte und ob sie sich schwach und unwürdig fühle. Mutter und Tochter begannen zu weinen. Christina erzählte, dass sie sich gehemmt, verwirrt und seelisch tief verletzt fühlte, als mehrere Beziehungen in die Brüche gingen. Ladys Abneigung zu springen, hatte sie nur noch elender fühlen lassen, da es ihre größte Freude war, auf dem Rücken ihres Ponys dahinzufliegen. Ich fragte sie nach den Schmerzen in ihrem Bein. Nach anfänglicher Ver-schlimmerung schien er nun abzuklingen. Ich bat sie, jene Szene dahingehend umzuschreiben, dass beide gerettet wur-den. Sobald sich Christina die Szene vorzustellen vermochte, ließ sie Lady leicht aufschlagen, sich aber wieder erholen und mit den anderen Stammesmitgliedern sicher davongaloppie-ren.

Sie fühlte sich nun befreit, war glücklich und empfand kei-ne Schmerzen mehr in ihrem Bein. Bei meiner sogenannten „Seelen-Rückgewinnung" visualisierte ich Lady als vollstän-dig geheilt und „blies" diese Ganzheit in sie zurück, um das fehlende Seelenstück, das durch das Trauma jenes schreck-lichen Todes abgesplittert war, wieder einzufügen. Christina und Lady schauten nun fröhlicher drein. Schließlich heilte ich

Ladys Rücken, indem ich die blaue Linie „zurückzog", um ihr Energiefeld zu schließen.

In einer weiteren Sitzung half ich Christina, ihre Trauer und ihr Schuldgefühl aus jenem Leben vollkommen loszulassen, damit ihr bewusst wurde, dass sie das Beste verdiente, das ihr das Leben zu bieten hatte. Sie begann zu verstehen, dass sie der richtigen Person begegnen werde, die ihre Stärke sowie ihre innere und äußere Schönheit erkannte. Lady musste zu Christina zurückkehren, damit sie beide geheilt werden konnten. Ihre Furcht zu springen, ließ sich nun leichter verstehen. Christina war der Auslöser für die Ängste des Ponys gewesen, wieder zu Tode zu stürzen. Sie selbst vermochte sich von der tief wurzelnden Traurigkeit und ihren Schuldgefühlen zu befreien. Sie und ihr Pferd konnten dem Leben nun furchtlos gegenübertreten. Dank Lady hatte sie an jenem Morgen meines Besuchs ihr „gebrochenes Bein" gespürt, so dass ihr Problem ebenfalls angesprochen werden konnte.

Fiona und Belle

Der nächste Bericht stammt von der Besitzerin eines Hundes, die nicht nur eine vergangene Inkarnation ihres Tieres, sondern darin das Tier auch mit einem anderen Tier „reden" hörte, um die damaligen Probleme zu lösen.

Belle leidet unter der sogenannten Syringomyelie, einem Schmerz im Nacken. Beim Spaziergang blieb sie alle paar Minuten stehen, um sich an der schmerzhaften Stelle zu kratzen. Außerdem litt sie regelmäßig unter Albträumen. Da keine Medikamente halfen, nahm ich Kontakt zu Madeleine auf.

Madeleine und ich stimmten uns auf den befallenen Nackenbereich ein. Ich sah mich augenblicklich in ein früheres Leben versetzt, in dem ich mich sehr krank fühlte. Madeleine nahm eine infizierte offene Wunde wahr.

Belle erkannte ich als Gazelle. Sie stand auf einer Waldlichtung und wurde von einem Löwen angegriffen, der sie bei den Hinterbeinen packte und in die Luft warf. Sie brach sich das Genick. Madeleine erklärte mir, wie ich den Ausgang zum Positiven wenden konnte, indem ich die Szene „umschrieb". Ich stellte mir den Moment vor dem Angriff als Standbild vor, in dem Belle mit überlegener Stimme zu dem Löwen sprach, dass er das Naturgesetz, alles Leben zu respektieren, wohl nicht kenne und man um Erlaubnis bitten müsse, das Leben eines anderen zu nehmen.

Der Löwe entgegnete demütig, dass ihm dieses Gesetz bewusst sei. Er senkte beschämt den Kopf, entschuldigte sich und bat Belle, dass sich ihre reine Energie in der Spezies der Löwen fortsetzen möge.

Bells herzförmige Markierung

Belle nahm die Entschuldigung an und erlaubte ihm, sie zu nehmen. Als Madeleine und ich aus diesem vergangenen Leben „zurückkehrten", stellten wir uns vor, Belles gebrochene Nackenwirbel zu „flicken", indem wir Nerven, Gewebe, Fleisch und Haut zusammennähten. Madeleine legte eine imaginäre

Kristallplatte in den Nacken. Sie hatte mir zuvor erläutert, dass sie diese ätherischen quarzähnlichen Kristalle in unterschiedlichen Formen verwendet, um die Heilung bei Menschen und Tieren zu fördern. Die herzförmigen Markierungen auf Belles Wangen schienen sich auszudehnen. Für mich waren sie immer ein Zeichen ihres liebevollen Wesens gewesen, was zuzutreffen schien.

Auf unserer Rückfahrt verhielt sich Belle sehr ruhig. Seither hat sie sich nur hin und wieder am Nacken gekratzt. Ihre Albträume sind fast völlig verschwunden.

Anna und Magoo

Dieser Fall verdeutlicht die Macht der Visualisation und die Führung unserer Tiere, um beste Heilergebnisse zu erzielen. Die sogenannte „Spiegelsaal"-Technik bietet die Möglichkeit, den Heilungsprozess zu verfolgen.

Als ich Magoo, einem braunen Dressurpferd von ungeheurer Präsenz, zum ersten Mal begegnete, war er recht jung und ziemlich unruhig. Damals konnten wir ein Trauma aus einem früheren Leben aufarbeiten. Bei meinem zweiten Besuch schien er reifer, vernünftiger und selbstbewusster geworden zu sein. Er schien seinen „Huf am Pulsschlag" zu haben und unterrichtete mich über alle Vorkommnisse auf dem Hof. Annas Familie trauerte um ihren kürzlich verstorbenen Collie, der die Angewohnheit besaß, an der Tür zu scharren, um sich bemerkbar zu machen. Seine Anwesenheit war immer noch zu spüren. Magoo meinte, Annas Vater gebe zwar vor, nicht an dem Tier zu hängen, schleiche sich aber heimlich in Magoos Stall, um seiner Trauer freien Lauf zu lassen. Anna bestätigte, dass die Hündin, die einen wesentlichen Bestandteil der Familie und des Hofes bildete, in einer ganz besonderen Weise an der Küchentür gekratzt hatte und ihr Tod den Vater stärker erschütterte, als er sich eingestehen wollte. Magoo erwähnte sogar den Pferdezahnarzt, der gerade in Frankreich Ferien machte. Wie ein Pferd dies wissen konnte, war mir unerklärlich. Einige Wochen später rief Anna mich an. Der Dentist hatte sich tatsächlich im Urlaub befunden. Dieser zeigte sich verblüfft und beschloss, in Gegenwart von Magoo vorsichtiger zu sein, damit dieser keine vertraulichen Informationen verbreitete.

Ich hatte bereits mit Anna gearbeitet. Ihre intuitiven Fähigkeiten überraschten mich. Sie wirkte als Tierkommunikatorin und war eine hervorragende Reiterin. Leider erkannte sie ihre Fähigkeiten nicht immer und litt unter Selbstzweifeln. Sie zeigte mir ein weiteres Pferd, Evie, das sie unbedingt hatte kaufen müssen. Ihre Verbindung war so stark, dass sie in Tränen ausbrach, als sie das Pferd zum ersten Mal ritt. Intuitiv fühlte ich, dass sie bereits in einem früheren Leben zusammen gewesen waren, nicht in der spanischen Reitschule in Wien oder dem Cadre Noir in Frankreich, aber gewiss in einem ähnlich hochqualifizierten Zentrum. Anna beherrschte bereits damals die hohe Reitkunst. Sie musste sich in diesem Leben nur an ihr Können erinnern und es neu beleben. Zum Glück zweifelte Evie nicht.

Bei meinem nächsten Besuch auf dem Hof sprangen die Collies wohlwollend kläffend um mich herum, ausgenommen Lotti. Anna hatte mich gebeten, mich mit der alten Hündin zu unterhalten. Nach dem Tod der anderen Hündin hatte sich ihr Zustand sichtlich verschlechtert. Sie litt nicht unter Schmerzen, musste sich aber mit der Tatsache abfinden, dass sie nach einer Reihe von kleinen Schlaganfällen nicht mehr wie früher herumtoben konnte.

In der Sitzung mit Anna arbeiteten wir auf verschiedenen Ebenen, um Selbstvertrauen zu gewinnen. Sie trug eine Schiene an der linken Hand, da sie ihren Daumen überdehnt hatte. Ich forderte sie auf, Bergkristall-Energie einzuatmen und diese in jene Körperbereiche einfließen zu lassen, die der Beruhigung und Kräftigung bedurften. Anna konnte ihren linken Arm nicht spüren. Er schien ein Hohlraum zu sein. Sie versuchte, sich eine violette Farbe vorzustellen, die den Körper umflutete. In den „Raum", der ihr linker Arm war, drang nichts ein.

Wie wir bereits gesehen haben, steht die linke Körperseite für die Weiblichkeit. Anna, die körperlich sehr hart auf der Farm arbeitete, fiel es schwer, ihre Weiblichkeit zu schätzen. Es musste etwas geschehen sein, dass sich der Arm, energetisch betrachtet, von ihr „löste". Ich wendete die „Spiegelsaal"-Technik an, die den emotionalen und physischen Zustand des Klienten intuitiv erfassen lässt. Dazu ermutige ich ihn, sein eigenes Bild zu visualisieren, wodurch man einen vielschichtigen Einblick in die inneren Vorgänge gewinnt.

Zunächst ließ ich vor meinen inneren Augen ein Bild entstehen, das Anna zu dem damaligen Zeitpunkt darstellte. Ich sah ein frisches Rasenstück, das sich noch nicht in die Wiese eingefügt hatte. In ihrem Buch *Life Choices, Life Changes* beschreibt Dina Glouberman Techniken, die sich die Symbol- und Vorstellungskraft zunutze machen.

Im ersten Spiegel sah sich Anna als eine winzige Ausgabe ihrer selbst mit dem kaum erkennbaren Arm. Mit einem Mal erschienen Magoo und Lottie auf der Bildfläche. Ich bat Anna, sie um Rat zu fragen, um sich kraftvoller zu fühlen und an sich selbst zu glauben. Magoo erklärte, sie solle nur glauben. Er werde ihr helfen, so wie sie ihm geholfen habe, an sich zu glauben und das weise Pferd zu werden, das er nun sei. Ich forderte Anna auf, in den zweiten Spiegel zu schauen. Erstaunt stellte sie fest, dass sie gewachsen war und sich ihr linker Arm wieder an seinem Platz befand. Magoo hatte ihn mit seinem heilenden Atem durchflutet und ihm Kraft und Lebendigkeit zurückgegeben. Als Anna in den nächsten Spiegel blickte, erkannte sie, dass sich über ihre gegenwärtige Form die Gestalt einer Indianerin schob, was auf ein früheres Leben hinzuweisen schien. Anna fühlte sich stark und bestätigt. Der Blick in den letzten Spiegel löste heftige Emotionen in ihr aus. Viele Tiere aus der Vergangenheit und Gegenwart lobten ihr Können und dankten ihr, dass sie an ihrem Leben teilhaben durften. Magoo und Lotti ermunterten sie: „Nur zu! Du schaffst es!" Anna erkannte, dass sie es mithilfe der Tiere, die jederzeit gewillt waren, sie zu unterstützen, schaffen konnte, auch wenn sie den Glauben an sich selbst vorübergehend verlieren sollte.

Als sie sich den Spiegelsaal verlassen sah, fragte ich sie, ob sie noch einen anderen Ort aufsuchen wollte, um zu erkennen, welche Lektion sie für ihr Voranschreiten benötigte. Ich bat sie, sich einen anderen Raum vorzustellen, der ihr weitere Erkenntnisse bieten könnte. Sie stellte sich eine Tür mit der Aufschrift *Selbstzweifel* vor. Da ich es für angebrachter halte, sich auf positive Aspekte zu konzentrieren, schlug ich ihr folgende Übung vor. Ich forderte sie auf, das Wort *Zweifel* durch das Wort *Glauben* zu ersetzen. Mühelos änderte sie die Anordnung der farbigen Magnetbuchstaben. Auf meine Frage, was aus den alten Buchstaben geworden sei, erwiderte sie, Magoo habe sie zertreten. Er wollte keinen Zweifel mehr zulassen. Ich schlug vor, dass sie in Zukunft alle nagenden Zweifel buchstäblich neu schreiben und Magoo bitten solle, das Alte zu zerstören.

Als Anna aus ihrem meditativen Zustand erwachte, hatte sich ihr Aussehen völlig verändert. Sie strahlte voller Lebenskraft. In ihrem Arm war Leben zurückgekehrt. Die hingebungsvolle Unterstützung ihrer Tiere erstaunte sie. Ich erinnerte sie daran, dass diese ihre Freundlichkeit ihnen gegenüber zurückzahlten. Den Verlust ihrer Pferde und Hunde nahm Anna nun gelassener und war gewiss, dass ihr Collie Lotti sie einst aus geistiger Ebene gleichermaßen führen werde.

Kapitel 7

WIE LASSEN SICH DIE VERGANGENEN LEBEN MEINER TIERE INTUITIV ERAHNEN?

Hätte ich jemals an der engen Beziehung zwischen uns und unseren Tiergefährten gezweifelt, würde mich der folgende Fall eines Besseren belehren. Es handelte sich um eine der ungewöhnlichsten Rückführungen, die mir jemals begegnet ist. Ich lernte daraus, dass man seinem Instinkt stets Vertrauen schenken sollte. Fühlt man sich zu einem bestimmten Tier hingezogen, höre man genau hin. Viele Klienten haben mir erzählt, dass sie in den Augen der Tiere erkennen konnten, dass es sich um einen früheren Kameraden handelte, der zu ihnen zurückzukommen wünschte. Die erste Begegnung mit Sera, bei der sie mir ein Foto von ihrem Pferd Moon zeigte, das ich „las", berührte mich zutiefst.

Sera und Moon – eine Beziehung aus der Vergangenheit

Als ich Moon zum ersten Mal begegnete, war ich einundzwanzig, feierte die Nächte durch und kam oft erst kurz bevor ich zur Arbeit gehen musste, nach Hause. Meine damalige Stute war friedlich entschlafen. Da ich wieder reiten wollte, begann ich, mehr Zeit in den Ställen zu verbringen, half aus und ritt das Pferd einer Freundin. Ein eigenes Pferd konnte ich mir finanziell nicht leisten.

Eines Tages begleitete ich meine Freundin zu einem anderen Gestüt. Als wir im Hof standen, brachte man ein wunderschönes Pferd von der Koppel herein. Ich kann kaum beschreiben, wie sehr ich mir wünschte, dieses Pferd zu besitzen. Ich hatte noch niemals ein solch unbändiges Verlangen gespürt, obwohl ich bereits viele Pferde geritten hatte. Die Stute war neun Jahre alt, ein mahagonibraunes Vollblut mit einem Stern auf der Stirn. Ich verliebte mich sofort in das Tier. Leider war ich zwei Wochen zu spät. Es hatte sich eine neue Besitzerin gefunden. SWEP, eine Organisation, die Pferde vorübergehend in Obhut nimmt, hatte das Pferd, das sich in einem schrecklichen Zustand befand, ausgemergelt, die Hufe mit Abszessen übersät und an einer Beckenverletzung leidend, gerettet. Ansonsten war sie ein gutmütiges Tier. Wegen der wiederholten Koliken sollte Moon bereits eingeschläfert werden. Als sie der vorübergehenden Besitzerin eine Karotte aus der Tasche stahl, brachte diese es nicht übers Herz, sie fortzugeben.

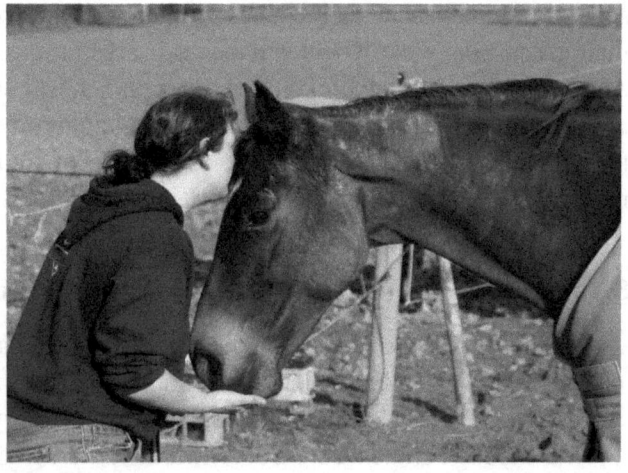

Moon und Sera

Moon ging mir nicht aus dem Kopf. Man hatte mir verschiedene andere Pferde als Leihgabe angeboten, aber ich konnte mich nicht überwinden, sie anzuschauen. Eines Tages rief man mich an und fragte, ob ich noch gewillt sei, Moon zu übernehmen, da sich das neue Zuhause für sie als nicht geeignet erwiesen hatte. Man überreichte mir eine lange Liste mit ihren Gebrechen und einer sehr kurze mit den Dingen, die sie fressen durfte. Nichts vermochte mich abzuschrecken. Moon kam also zu uns. Obwohl ich fast meine gesamte Freizeit mit ihr verbrachte, verwandelte sich das ruhige Tier in einen Psychopathen, sobald es bei uns einzog. Bei unserem zweiten Ritt bäumte sie sich auf. Ich stürzte und zog mir eine Rippenverletzung zu. Sie weigerte sich, den Hof zu verlassen, bäumte sich auf, drehte sich um und ging denselben Weg zurück. Ich hatte ihren gesundheitlichen Zustand eingehend überprüfen lassen, um physische Probleme auszuschließen. Ich fürchtete mich vor ihr. Als sie sich nach einer Ausstellung weigerte, in den Pferdetransporter zu gehen, wollte ich aufgeben. Aber irgendetwas hielt mich davon ab, SWEP anzurufen.

Meine Familie und ich nahmen an einem Tag der Tierkommunikation teil, der von SWEP angeboten wurde. Madeleine gab die Readings. Als ich an der Reihe war, sprach sie über die physischen Beschwerden, die sie bei Moon entdeckt hatte. Außerdem unterhielten wir uns über einige meiner Probleme. Plötzlich begann Madeleine zu weinen und bat mich, zurückzutreten oder sie zu einem späteren Zeitpunkt anzurufen. Ihre Reaktion erschreckte mich. Ich hatte Angst, etwas Negatives über Moon oder meine Verhaltensweise der Stute gegenüber zu erfahren. Als ich schließlich Kontakt zu ihr aufnahm, erfuhr ich, dass ich in einem früheren Leben eine Indianerin und Moon mein Pferd gewesen war. Während ich die Stute ritt, wurde ich getötet. Sie fühlte sich schuldig, dass sie mich nicht retten konnte. Ihr seltsames Benehmen in diesem Leben, den Hof nicht verlassen zu wollen oder umzukehren, wenn sie sich nicht sicher fühlte, entsprang dem Bestreben, mich zu beschützen, damit mir nicht wieder etwas passierte.

Als ich am nächsten Morgen zu den Ställen kam, umarmte ich Moon inbrünstig. Ich gab ihr zu verstehen, dass ich ihre Bemühungen durchaus zu schätzen wisse, wir uns aber gegenseitig beschützen müssten und trotzdem Freude miteinander haben könnten. An jenem Wochenende gelang es mir, alleine mit ihr auszureiten. Es lief nicht alles reibungslos, da Moon aus Furcht einige Male umzudrehen versuchte.

Durch Madeleine lernte ich einiges über die Vergangenheit der Stute. Sie hatte Hindernisrennen gelaufen, bis sich bei einem Rennen die Hinterbeine in der Hürde verfingen und nach oben gebogen wurden, was ihr Becken verschob und die vorderen Nervenbahnen einklemmte. Ihre Karriere als Springpferd war damit beendet. Man verkaufte sie an ein Dressurgestüt, wo sie geschlagen wurde, da sie körperlich nicht in der Lage war, den Anforderungen zu genügen. Sie wurde erneut verkauft.

Im April 2007 hatten mein Großvater und ich einen Autounfall. Man brachte mich ins Krankenhaus. Ich litt unter einem schmerzhaften Vorfall des dritten Halswirbels und konnte einige Tage lang meinen linken Arm nicht bewegen. Trotz des Stützapparates schaffte ich es, mich jeden Tag zu den Ställen zu schleppen, um Moon und mein Pony Carrie zu besuchen.

Als uns Anfang 2008 Madeleine besuchte, „sagte" Moon als Erstes: „Rotes Auto hat meine Mum verletzt." Obwohl die Stute den Unfall nicht von ihrer Koppel aus beobachtet haben konnte, erzählte sie Madeleine alle Einzelheiten und meinte besorgt, sie wisse nicht, „was mit ihr geschehen werde, wenn mir etwas zustoßen würde". Unsere Beziehung festigte sich zusehends. Nach Monaten harter Arbeit erhielten Moon und ich unsere erste Auszeichnung im Springturnier. Als die Stute zu uns kam, fürchtete sie sich vor dem geringsten Hindernis. Wir hatten also einen langen Weg hinter uns. Sie wuchs sogar noch ein wenig.

Als Großvater und ich im Juli 2009 auf den Hof kamen, lag Moon in ihrem Stall. Dies war nicht ungewöhnlich, aber als Großvater das Futter mischte, begann Moon, gegen ihren Bauch zu treten. Ich führte sie umher, aber ihr Zustand verschlimmerte sich. Der herbeigeholte Tierarzt gab ihr zwei Spritzen und zog einen weiteren Veterinär hinzu. Zu viert hielten wir Moon aufrecht, damit der Arzt ihren Herzschlag hören konnte. Sie litt unter einer Darmverschlingung. Um sie zu retten, musste sie operiert werden. Die Entscheidung lag bei mir. Ich konnte mir nicht vorstellen, ohne meine beste Freundin zu überleben. Sie hatte mein Leben umgekrempelt und es wahrscheinlich sogar gerettet. Andererseits wusste ich tief in meinem Inneren, dass meine wundervolle Stute die dreistündige Fahrt im Pferdetransporter nicht überstehen würde. Als die Tierärzte mir sagten, sie sei hinübergegangen, sah ich Moon vor meinen inneren Augen über eine Grasweide galoppieren. Ich wusste, ich hatte die richtige Entscheidung getroffen.

Madeleines Äußerungen über mein Leben als Indianerin konnte ich nicht vergessen. Ich begann nachzuforschen. Das Jahr 2010 brachte viele Veränderungen für mich. Ich spürte, dass ich nicht weiterkam, und beschloss, die Ursache in einem vergangenen Leben zu suchen. Die Rückführung überstieg meine Erwartungen.

Ich steige die Stufen hinunter und gehe auf eine Tür zu, hinter der helles Licht brennt. Als ich hindurchgehe, überrascht mich die Weite, die mich empfängt. Ich stehe auf einem Hügel. Mein Pferd steht rechts neben mir. Ich trage hellbraune riemenlose Lederschuhe mit dunkleren Lederbändern. Meine übrige Kleidung besteht aus demselben hellbraunen Leder, vermutlich Rotwildhaut. Ich bin ein siebzehnjähriger Junge mit langen dunklen Haaren und kräftigen Wangenknochen. Es ist Hochsommer und das Gras trocken und gelbbraun. An meinem Hinterkopf sitzt senkrecht eine weiß-schwarze Adlerfeder, mit einem Lederband befestigt. Um mich herum gibt es keine weiteren Tiere. Über uns wölbt sich ein stahlblauer Himmel. Hoch oben zieht ein einzelner Vogel seine Kreise. Man schreibt das Jahr 1769.

Die Liebe zu meinem Pferd überwältigt mich. Als Madeleine mich bittet, es zu beschreiben, beginne ich, haltlos zu weinen. Es ist größer als die anderen Pferde, weiß mit braunen Flecken und einem großen braunen Fleck an der linken Schulter. Ihr Auge ist blau umrandet und sie „liebt ihren roten Handdruck auf der Schulter", was das bedeutete, war mir damals nicht klar. Sie trägt noch andere, mit gelber Farbe gemalte Symbole auf ihrem Körper. Ihr Name ist Hanwei. Alle, die sie sehen, möchten sie haben, aber sie gehört mir. Sie ist schnell und wendig und kann aus dem Galopp heraus eine scharfe Kehrtwende machen. Sie ist mir leidenschaftlich ergeben. Ich glaube, ich heiße Elk. Es ist oft sehr schwierig, englische Ausdrücke zu finden. Manchmal fällt es mir schwer, überhaupt zu sprechen, da sich Worte nicht in meinem Mund bilden wollen. Ich fürchte, dass mir jemand Hanwei wegnehmen will, denn sie bedeutet die Welt mich. Sie ist Moon, dessen bin ich mir sicher.

Madeleine fragt mich, was ich vorhabe. Ich versuche, ein feindliches Dorf ausfindig zu machen. Dann sehe ich mich plötzlich auf einem anderen Hügel stehen und auf das Dorf des feindlichen Stammes hinunter blicken. Die farbig bemalten Männer stehen alle zusammen. „Sie tragen mehr Farbe als wir", sage ich. Ich fürchte mich, denn wenn sie mich entdecken, werden sie mich töten. Sie gehören wohl zu den Choctaw. Ich bin ein Oglala Sioux. Dann sehe ich mich auf einem schmalen, von Felsen gesäumten Gebirgspfad reiten. Man zerrt mich von Hanwei. Ich bin umringt von schreienden Männern. Ich erinnere mich nicht, das Dorf des Feindes erreicht zu haben. Als ich aufwache, bin ich an einen Pfahl gefesselt. Die Männer umringen mich immer noch. In einiger Entfernung sehe ich Hanwei stehen. Sie tun ihr weh und ziehen sie umher. Sie fürchtet sich, bäumt sich auf und versucht, zu mir herüber zu kommen. Der Mann brüllt sie an. Ich kann nicht verstehen, was die Männer sagen. Sie sprechen eine mir fremde

Sprache. Der Mann vor mir zieht ein großes Messer mit einem Holzgriff. Alle starren es an und reden durcheinander, bis ich das Messer plötzlich an meiner Kehle spüre und alles schwarz wird. Von außerhalb sehe ich mich mit durchschnittener Kehle an dem Pfahl gefesselt, während die Männer grölend um meinen Körper tanzen. Hanwei schreit auf und greift den Mann, der sie hält, mit den Vorderhufen an. Ich hatte das Dorf zu lange beobachtet, da ich glaubte, mein Volk beschützen zu müssen, aber ich versagte. Ich hätte auf meine innere Stimme oder auf Hanwei hören sollen. Wäre ich zurückgekehrt, als sie unruhig wurde, hätte ich überlebt.

Ich sehe meinen Vater in unserem Dorf vor seinem Zelt sitzen. Sein Haar ist ergraut. Er fühlt sich von mir eingeschüchtert – er fürchtet meine Fähigkeiten und Unternehmungen. Er wird kraftloser und ist besorgt, ich wolle seinen Platz als Häuptling einnehmen, aber ich bin dazu noch nicht bereit. Ich erkenne seine schwarzen Augen in denen eines Mannes, mit dem ich in diesem Leben zusammenarbeite, eines Mannes, der mir den Eindruck vermittelt, als fühle er sich von mir eingeschüchtert. Mein Vater rät mir, nicht alleine zu reiten. Ich widerspreche ihm, denn ich will Spotted Dove als meine Frau gewinnen. Sie ist wunderschön. Ihre Augen haben einen leicht grünen Schimmer, was ungewöhnlich für mein Volk ist. Nach meinem Tod heiratet sie jemanden anderen und hat drei Kinder. Ich sehe ihr Gesicht deutlich vor mir, bis es immer kleiner wird und sich schließlich in Dunkelheit auflöst. Ihr Antlitz lässt mich lächeln. Ich höre sie sagen: „Sage Madeleine, dass ich sie kenne. Grüße sie von mir!"

Einige Wochen nach der Rückführung und wenige Tage vor dem Jahrestag von Moons Tod meditierte ich vor dem Einschlafen. Ich sah mich auf einem Pferd galoppieren. Ich spürte die Muskeln des Tieres unter mir und sah meine Lederbekleidung. Ich sah die Bänder, die mein „Hemd" zusammenhielten, und die blaue Linienzeichnung darauf. Ich blickte auf mein Pferd hinunter. Es war Moon. Ich fühlte, wie mich ihre Energie durchströmte, und wusste, dass ich auf ihr ritt. Ob ich erneut in jenes andere Leben eingetaucht war oder ob Moon mich beschenkte, weiß ich nicht. Ich weiß nur, dass mich unendliche Freude erfüllte, frei und unbeschwert auf ihr zu reiten. Lachend und mit ausgebreiteten Armen flog ich dahin. Ich fühlte nicht nur, sondern beobachtete die Szene wie einen Film. Obwohl Moon physisch nicht mehr bei mir ist, teilt sie in gewisser Weise mein Leben. Fühle ich mich niedergeschlagen, gibt sie mir ein Zeichen. Sie unterstützte meine Entscheidung, von dem Geld der Unfallentschädigung ein neues Pferd zu kaufen. Das vier Monate alte Fohlen besaß einen gleichmäßig geformten Stern auf seiner Stirn. Als ich es später holte, hatte der Stern eine halbmondförmige Gestalt angenommen. Moon treibt mich immer wieder an, meine Aufgabe zu erfüllen. Ich hoffe, sie ist stolz auf mich.

Die Einblicke in mein früheres Leben faszinierten und veranlassten mich, tiefer in die Kultur der Indianer einzudringen. Vieles stimmte mit dem, was ich erfahren hatte, überein. Die Sioux gehörten damals zu den erfolgreichsten und vorherrschenden Volksstämmen Amerikas. Die Feder, die ich trug, wurde in der Regel von den Häuptlingen einer Gemeinschaft verliehen. Eine einzelne, senkrecht am Kopf befestigte Feder bedeutete, dass der Krieger seinen ersten Sieg errungen hatte, was in meinem Fall Sinn machte, da ich noch sehr jung war.

Die blaue Umrandung des Pferdeauges galt als Zeichen eines wachen Blickes. Dass mein Pferd „den roten Handdruck auf seiner Schulter" liebte, wie ich Madeleine erzählte, bezieht sich auf die Tatsache, dass in der Sioux-Tradition ein solches Mal in Geschichten und Legenden über tapfere Krieger, Reiter und Pferde, gefeiert und als besondere „Kampfnarbe" geschätzt wurde.

Das Volk der Choctaw lebte in demselben Gebiet wie die Sioux. Man bekämpfte sich immer wieder. Die Choctaw pflegten sich für die Schlacht mit grellen Farben zu bemalen. Manche trugen auf Armen und Beinen Stammestätowierungen. Dies erklärt meine Bemerkung: „Sie tragen mehr Farbe als wir."

Der Name meines Pferdes in jenem Leben – Hanwei – bedeutet „Moon" in der Lakota-Sprache.

Sera erkannte, dass die Hindernisse in ihrem Leben auf ihr früheres Leben mit Moon zurückzuführen waren. Sie fühlte sich immer noch schuldig, weil sie nicht ihrem Instinkt gefolgt und ihrem Bauchgefühl vertraut hatte, was ihre Entscheidungsfähigkeit stark beeinträchtigte. Wir schrieben das damalige Ereignis dahingehend um, dass „Sera" als Elk fliehen, sein Volk retten und in der Ehe mit Spotted Dove sein Glück finden konnte.

Jedes Mal, wenn ich bei Sera und den Pferden vorbeischaue, nehme ich Moons Bild wahr, die über die Vorgänge wacht und darauf achtet, dass Sera ihr Selbstvertrauen bewahrt.

Kapitel 8

WARUM SOLLTEN WIR AUF UNSERE TIERE HÖREN?

Unsere Tiere wünschen in erster Linie, dass wir unsere Möglichkeiten voll ausschöpfen. Wenn wir glücklich sind, sind auch sie glücklich. Sie bemühen sich, uns zu helfen, alles Nichtige und Begrenzende auszuräumen. Die Herausforderungen des Lebens lassen uns leicht den Blick für das Wesentliche verlieren, sozusagen unsere „persönliche Macht". Ereignisse und Situationen aus der Vergangenheit, wie negative Bemerkungen, Verhaltensweisen und Botschaften seitens Schulkameraden oder Familienmitglieder, können dazu geführt haben. Ich nehme diese Äußerungen als scharfe Spitzen wahr, die sehr tief eindringen, schmerzen und unsere Psyche und Überzeugungen verletzen. Im späteren Leben können Anfechtungen und Beziehungsprobleme die Wahrnehmung unseres „Selbst", die bereits in früher Jugend gebildet wurde, verstärken. Die daraus entstehende Machtlosigkeit führt nicht nur dazu, an sich selbst zu zweifeln, sondern greift sehr viel tiefer. Ich glaube, es handelt sich um einen Prozess, der unsere Überzeugungskraft langsam zunichte macht oder aushöhlt, was zu einer zunehmenden Trennung von dem „Ich bin" führt, einem Gefühl für das Göttliche in uns und für das tiefe innere Wissen, dass wir vollkommen sind.

Danny und Maria – die Vergangenheit heilen

Der folgende Fall illustriert die unerklärbare Verbindung zwischen einem Tier und einer jungen Frau. Ihre Vergangenheit wies unglaubliche Parallelen auf. Die beiden scheinen sich wiedergefunden zu haben, um alte Wunden zu heilen und Kraft zu gewinnen.

Man rief mich zu einem Hengst, der seltsame physische Symptome zeigte. Er hatte einen fürchterlichen Husten entwickelt, stand mit gespreizten Vorderbeinen da und rang nach Luft. Dies geschah nur während der Nacht, wenn er sich in seinem Stall aufhielt. Man hatte ihn wegen der üblichen Probleme, wie Stauballergie und dergleichen, behandelt, aber ohne Erfolg. Es war eine leichte Infektion festgestellt worden, die das Ausmaß seiner Unruhe aber keineswegs rechtfertigte. Seine seltsame Verhaltensweise schien außerdem emotional bedingt zu sein.

Bevor ich Danny begegnete, sah ich anhand einer Haarprobe, dass er in einem früheren Leben bei einem Stallbrand ums Leben gekommen war. Als in diesem Leben sein Husten begann, war er genauso alt wie damals, als er starb. Als ich Danny aufsuchte, bat mich sein Besitzer, mich eine Weile mit Maria zu befassen, die für das Tier sorgte. Der Tierarzt vermittelte mir den Eindruck, dass die junge Frau vor Jahren von der Besitzerfamilie in gewisser Weise „adoptiert" worden war. Als ich mich der Stalltür näherte, spürte ich sofort die Beziehung zwischen ihr und dem Pferd. Man hatte mich vor Danny gewarnt, der bei früheren Gelegenheiten unerwünschte Besucher aus seinem Stall „geworfen" habe und Tierärzte und Nadeln verabscheue. Ich bemühte mich, ihm zu erklären, dass ich ihn respektiere und gekommen sei, um zu helfen. Maria verstand es ausgezeichnet, ihn zu beruhigen, und kraulte ihn an seinen Lieblingsstellen. Seine wundervolle Mähne wallte über den hoheitsvollen Nacken. Seine muskulöse Brust forderte tiefsten Respekt, als er mit seinen mächtigen Hufen stapfte und die Zähne zeigte, um seinen persönlichen Raum zu verteidigen. Etwas entmutigend, muss ich gestehen!

In Dannys Gegenwart zu sein, war ehrfurchteinflößend. Er war ein großartiges Geschöpf. Er erlaubte mir, ihn zu berühren und zu kraulen, während ich ihm meine Liebe übermittelte. Langsam begann er, mit mir zu kommunizieren.

Er „erzählte" mir, dass es zwischen ihm und Maria Parallelen gebe. Da ich nicht verstand, was er meinte, fragte ich den Besitzer, der es bestätigte. Während ich die beiden zusammen beobachtete, erkannte ich die Dynamik, die zwischen ihnen herrschte. Sie schienen sich auf einer tieferen Ebene gegenseitig zu heilen, als ob sie durch ihren liebevollen Umgang miteinander die Dämonen ihrer Vergangenheit verscheuchten. Da ich annahm, dass Danny aus der Zucht seines augenblicklichen Besitzers stammte, wusste ich nichts von seiner negativen Vergangenheit. Erst später entdeckte ich den ähnlichen Verlauf der frühen Lebensjahre von Danny und Maria.

In einer „Seelen-Rückgewinnung" führte ich den durch die Feuersbrunst in seinem vergangenen Leben traumatisierten und „abgetrennten" Teil seines Selbst zurück. Ich sah ein holografisches Bild und stellte mir vor, das fehlende Fragment in Dannys physischen Körper zu „blasen", was er mutig geschehen ließ.

Maria erstaunte seine Reaktion. Er wurde ruhiger. Seine Augen blickten sanfter. Wir besprachen verschiedene homöopathische Mittel, die der Arzt verschrieben hatte, und wie er und ich zusammenarbeiten konnten, um die Ergebnisse zu vergleichen.

Dann wandte ich mich Maria zu. Einer Sitzung schien sie zunächst sehr zurückhaltend gegenüberzustehen. Als sie sah, dass Danny meine Annäherungsversuche und die anschließende Heilung begrüßte, stimmte sie zu. Es folgte ein unglaublicher Loslösungsprozess, den sie mutig durchlebte. Ich wendete die Methode der Neurolinguistischen Programmierung an, die mit Bildersymbolen und Farbe arbeitet. Maria sollte ein Bild wählen, dass sie momentan darstellt. Auf diese Weise lässt sich emotionaler Schmerz externalisieren. Die Arbeit mit einem Bild beschleunigt den Heilungsprozess nachhaltig. Offensichtlich lagen einige tief sitzende, äußerst schmerzhafte Punkte vor. Maria gestand, dass sie kaum mit jemandem über sich selbst reden konnte. Sie fühlte sich nur wohl, wenn es in der Unterhaltung um Pferde ging, besonders um Danny. Es überraschte also nicht, dass Danny eingeschaltet wurde, als wir auf eine anscheinend unauflösbare Blockade der Angst stießen. Mithilfe seiner Weisheit, seines Rats und seiner Stärke fand Maria schließlich den Mut, sich ihrer symbolischen Angst zu stellen, die Aufschluss über eine extrem schwierige Vergangenheit gab. Nur mit Dannys Unterstützung gelang es ihr, sich von ihren Gefühlen der Machtlosigkeit und Furcht zu lösen.

Als wir uns mit ihrem Solarplexus-Chakra, dem Sitz des Glaubens an sich selbst, in Verbindung setzten, kollabierte sie fast. Sie wurde blass und schien vor meinen Augen zu schrumpfen. Eine derartig dramatische Reaktion auf diese Technik hatte ich noch niemals erlebt. Mit Dannys Hilfe gelang es uns, diese schreckliche Vision in leuchtend positive Bilder zu verwandeln, was sich sofort auf Marys Energie auswirkte. Ihr Selbstvertrauen wuchs, als wir den Wandel der Bilder besprachen. Sie berichtete von der unsagbaren Demütigung, die sie durch die Misshandlung in ihrer Kindheit erlitten und die ihr Selbstwertgefühl völlig zerstört hatte. Nachdem sie den Mut aufgebracht hatte, sich ihrer Furcht symbolisch zu stellen, wurde ihr bewusst, dass sie nun beginnen konnte, sich mit anderen Augen zu betrachten. Sie besaß wahrscheinlich ein größeres Potenzial, als sie gedacht hatte oder glaubte, annehmen zu dürfen.

Wir besprachen die Möglichkeit einer Ausbildung als Reitlehrerin, ein Wunsch, den sie sich immer versagt hatte, da sie davon ausgegangen war zu scheitern. Ich war mir sicher, dass sie aufgrund ihres Einfühlungsvermögens ihren Schülern ein natürliches Selbstvertrauen vermitteln konnte.

Maria erzählte mir von den fürchterlichen Erfahrungen, die Danny bei seinen früheren Besitzern machen musste. Danny hatte nichts davon erwähnt. Er wünschte, dass Maria die „Parallelen", von denen er gesprochen hatte, auf tieferer Ebene verstehen sollte.

Jane und der Kater Dusty

Das folgende Reading galt einer Dame, die unter ernsthaften Beziehungsproblemen mit ihrem Mann litt. Er hasste Katzen und zwang Jane, ihre Katze Dusty in der Scheune schlafen zu lassen. Es störte sie in zunehmendem Maße, dass ihr Mann für ihre Überzeugungen und ihr Empfinden für die Nöte der Tiere kein Verständnis zeigte. Das Dilemma, in dem sie sich befand, weckte Schuldgefühle in ihr, da sie alles unternahm, um Dusty glücklich zu machen.

Welch ein wundervoller Kater! Ich bitte immer um ein Wort oder einen Satz, der das Reading untermauert. Von Dusty erhielt ich die Begriffe „Kraft und Entschlossenheit". Energetisch gesehen, ist er ausgesprochen stark und war offensichtlich entschlossen, Sie zu finden und von Ihnen bemerkt zu werden. Ich glaube, Sie hatten keine andere Wahl. Ich stimme Ihnen zu. Seine Sehkraft und sein Gehör sind nicht hundertprozentig. Dennoch kommt er gut zurecht, da er listig ist. Ich vermute, seine Probleme sind auf schlechte Ernährung und eine mögliche Erkrankung in jungen Jahren zurückzuführen.

Er lehrt Sie, Ihrem Instinkt zu folgen und auf Ihr Bauchgefühl zu hören. Es ist sehr wichtig, dass er jetzt bei Ihnen ist. Es gibt keinen Grund, sich schuldig zu fühlen. Es ist reine Energieverschwendung. Akzeptieren Sie das Unvermeidliche. Dieser Kater muss bei Ihnen sein, damit Sie von ihm erfahren, was Sie momentan wissen müssen. In seiner Botschaft geht es um Krafterneuerung. Wir leben in einer aufregenden Zeit.

Wir alle müssen lernen, mutig zu unseren Überzeugungen zu stehen, selbst wenn wir in der Familie oder bei ehemaligen Freunden auf Widerstand stoßen. Am Anfang mag man sich ausgegrenzt fühlen. Denkt man aber daran, wer und was man ist, wird man beginnen, die Menschen, Situationen und Tiere anzuziehen, welcher man zum gegebenen Zeitpunkt in seinem Leben bedarf. Wir alle sind im Wandel begriffen. Unsere DNS verändert sich. Nicht alle verändern sich gleichermaßen schnell. Jeder nehme sich seine Zeit und gehe seinen Weg. Es klingt ein wenig belehrend, aber Dusty möchte, dass ich Ihnen dies sage!! Er möchte Ihnen Kraft geben und dies in Zusammenhang mit seiner Fähigkeit, sich trotz der Beeinträchtigung seiner äußeren Sinne zurechtzufinden. Er möchte, dass Sie sich mehr in die Dinge „hineinfühlen", sehen, dass sie zu Ihnen „passen", ehe sie handeln, und wissen, dass Sie stets den richtigen Weg wählen, wenn Sie auf Ihre innere Führung hören.

Es ist kein Zufall, dass Dusty jetzt in Ihr Leben trat. Seine Gegenwart ist in Ihrer jetzigen Inkarnation für Sie von großer Bedeutung. Sie haben zahlreiche Leben miteinander verbracht. Er zeigt ein persönliches Interesse an Ihnen. Er möchte das Beste aus Ihnen herausholen. Schaue ich in seine Augen, sehe ich mehrere Leben in Ägypten mit Ihnen. Sie hatten Macht über ihren Ex- Partner. Die daraus entstandene Problematik wurde ungelöst in diese Inkarnation mitgenommen. Haben Sie den Eindruck, dass Ihr jetziger Partner ihr Selbstvertrauen unterminiert? Ich sehe Dusty als Tempelkatze und als Angehörigen der Priesterschaft. Er hat also beide Seiten der Medaille erfahren. Dusty erwähnt eine Verletzung Ihrer Hände in jener Zeit. Haben Sie in diesem Leben Probleme mit Ihren Händen? Es steht in Zusammenhang mit der Tatsache, dass sie damals die Macht aus den Händen gaben oder dazu gezwungen wurden.

Vielleicht sollten Sie sich von einem Tierarzt beraten lassen, der Dusty statt der üblichen Impfungen homöopathische Mittel verabreicht. Auf den Fotos macht der Kater einen durchaus gesunden Eindruck. Ich glaube, er besitzt eine starke Konstitution. Sorgen sie sich nicht allzu sehr darum, was Sie für ihn tun können. Es ist eher eine Frage, was er für Sie tun will.

Er liebt es, die Farm zu durchstreifen und seine inneren Sinne zu stählen. Es gibt keinen Grund zur Sorge. Er scheint sehr selbstständig und weise zu sein, was Ihnen beiden guttut.

Wir gehen unseren Weg in Seelengruppen. Oft weisen uns gerade diejenigen Menschen, die uns besonders herausfordern, auf Dinge hin, die geheilt werden müssen. Obwohl es ihnen nicht bewusst sein mag, beeinflussen Machtkämpfe aus einem früheren Leben die jetzige Beziehung zwischen Jane und ihrem Mann. Sie sind in dieser Inkarnation erneut zusammengekommen, um Unerledigtes aufzuarbeiten.

Der Hund, der blinden Alarm schlug

Der nächste Fall handelt von einem Hund, dessen angeborene Taubheit in unmittelbarem Zusammenhang mit einem Trauma aus einem vergangenen Leben mit seinen Besitzern stand. Er ist ein Beispiel für Vereinbarungen, die vor der Geburt auf Seelenebene getroffen werden.

Harry kam wie ein braun-weißer Tornado in mein Behandlungszimmer gewirbelt. Mit seinen langen Beinen stakste er aufgeregt umher. Er schien höchst zufrieden mit sich selbst zu sein und sich bei uns wohl zu fühlen. Aber meine Worte beeindruckten ihn nicht. Er war taub. Auf geistiger Ebene konnte er mich hören und zeigte sich überglücklich, sich mit mir unterhalten zu können. Er gab mir zu verstehen, warum er sich so lästig wimmernd benahm.

Laura, seine Besitzerin, erzählte, dass er es wohl akzeptiert hatte, allein gelassen zu werden. War sie zu Hause und Harry irgendwo ausgeschlossen, wie hinter der Küchentür, pflegte er sich zu beklagen. Konnte er von vorne nach hinten durch das gesamte Haus blicken, beruhigte er sich. Er schien nur dann glücklich zu sein, wenn er deutlich sehen konnte, was im Haus geschah. Ich dachte an seine Taubheit, die möglicherweise dazu beitrug, denn ich hatte bei meinem alternden Terrier Teazle beobachtet, dass sie immer anhänglicher wurde, je weniger sie zu hören vermochte. Ich musste sie sogar zur Toilette mitnehmen. Ich fühlte mit ihr und Harry, denn sie konnten die Menschen, die sie umsorgten, nicht hören und bewachen. Trotz seiner äußerlichen Unbekümmertheit, gewann ich den Eindruck, dass Harry ein trauriger kleiner Hund war, der seine Pflichten sehr ernst nahm. Dies zeigte sich, als er den Mut aufbrachte, mir ein höchst dramatisches Leben zu zeigen. Im Laufe unserer Zwiesprache erkannte ich den Grund, warum er sich erneut bei diesen Menschen, seinen Seelengefährten und damaligen Eltern, eingefunden hatte.

Wenige Tage vor der Heilbehandlung durchlebte Laura einen unangenehmen Traum, in dem sie verfolgt, in die Enge getrieben und mit Messern angegriffen wurde. Auch ihr Partner wurde von Albträumen geplagt, aus denen er voller Schrecken erwachte. Ich wusste nichts von diesen Träumen. Dann berichtete Harry mir von ihrem gemeinsamen Trauma aus einem früheren Leben.

Er begann damit, seiner Sorge Ausdruck zu verleihen, dass niemand seinem Wunsch Glauben schenken werde, Laura beschützen zu wollen. Er sprach von Kambodscha unter dem Regime von Pol Pot, in dem ein furchtbarer Völkermord geschah. Harry, damals ein Junge, liebte es, die Dinge zu übertreiben, um Aufmerksamkeit auf sich zu ziehen. Man wusste nicht, ob er log oder die Wahrheit sprach. Als ich Laura davon erzählte, meinte sie, sie habe in ihrem jetzigen Leben einen solchen Jungen gekannt.

In Kambodscha war Harry eines Tages in die Hütte gestürmt und hatte geschrien, dass feindliche Stammesmitglieder im Anmarsch seien und sie fliehen müssten. Da er zuvor so oft gelogen hatte, ignorierten ihn seine Eltern, obwohl er dieses Mal die Wahrheit sagte.

Dann geschah das Unfassbare. Harry wollte niemals mehr einen solch grauenvollen Lärm hören wie den jener Macheten, die seine Eltern töteten. Es verwundert nicht, dass er in diesem Leben taub sein wollte. Als ich Laura wiedergab, was er mir gezeigt hatte, begannen sich Bilder in ihren Geist zu drängen. Ich bat Harry, ihr zu zeigen, wie sie alle und ihr damaliges Heim ausgesehen hatten, damit Laura sich einzuschwingen vermochte und wir den Ausgang des Geschehens umschreiben und das Trauma ein für allemal heilen konnten.

Harrys Körpersprache war faszinierend. Als er die schreckliche Szene und die empfunden Emotionen beschrieb, saß er direkt vor mir, den Blick fest auf mich gerichtet, als wolle er ihn in meinen Geist hineinbohren, um sicherzugehen, dass er „gehört" wurde. Sobald Laura mit uns zu arbeiten begann, rannte er zu ihr hinüber und starrte sie an, während sie das Geschehen visualisierte. Harry führte die Szene zu einem glücklichen Ende, da die Familie diesmal seine Warnung beachtete und rechtzeitig entfliehen konnte. Was ich von ihm auffing, wiederholte ich nicht laut. Ich begleitete den Vorgang nur, um sicher zu sein, dass Laura die von ihm vorgeschlagene Fluchtmöglichkeit genau erkannte. Sie schafften es, auf der Rückseite ihrer Hütte durch eine Schilfrohrverkleidung zu kriechen und vor den nahenden Männern davonzulaufen. Da Harry sich oft versteckt hatte, um seinen Pflichten zu entgehen, kannte er alle guten Verstecke. Er führte sie in ein Sumpfgebiet, in dem sie sich fast unter Wasser verbergen konnten. Nach langer Zeit gelang es ihnen schließlich, in ein größeres Nachbardorf zu gelangen, in dem man sie willkommen hieß und beschützte.

Laura fühlte sich sichtlich erleichtert. Ich bat sie, Harry für seine Hilfe zu danken und ihn für seinen Mut zu loben.

Harry ist ruhiger geworden. Obwohl er sich seinen Beschützerinstinkt bewahrt hat, macht er sich längst nicht mehr so viele Sorgen. Auch Laura und ihr Partner sind zur Ruhe gekommen. Es macht sie glücklich zu wissen, dass ihr wunderbarer Hund auf sie achtgibt.

Der nächste Fall illustriert unsere außergewöhnliche Vielschichtigkeit.

Cynthia und Bonito/Ben

Vor einigen Jahren begegnete ich Cynthia und Bonito zum ersten Mal. Cynthia hatte den stattlichen dunkelbraunen Hannoveraner als hochqualifiziertes Dressurpferd gekauft. Zu ihrer großen Enttäuschung brachte er nicht die erwartete Leistung. Von Bonito lernte ich die Visualisationstechnik und die Verwendung ätherischer „Lichtkristalle" in Form einer Scheibe, um Rückenschmerzen bei Pferd und Reiter zu heilen.

Bonito war sehr unruhig, als ich ihm zum ersten Mal begegnete. Er vermutete in mir einen interessierten Käufer, da er in seinem Leben bereits mehrmals seinen Standort wechseln musste. Nach einigen Sitzungen, in denen wir uns langsam vorarbeiteten, brachte er den Mut auf zu zeigen, was wirklich vor sich ging. Cynthia liebt Bonito über alles und war untröstlich, dass es ihnen nicht gelang, in der Verschmelzung von Reiter und Pferd großartige Leistungen zu vollbringen.

Der folgende Bericht beschreibt eine tiefgreifende Heilung der Vergangenheit, die den Weg ebnete, Bonitos frühere Inkarnationen aufzurollen und die innige Verbindung zwischen dem Pferd und seinem Besitzer zu zeigen.

Cynthia sandte mir per E-Mail ein Bild von Ben, einem früheren Pferd, das ihr zahlreiche ernsthafte Verletzungen beigebracht und sie sehr traurig gestimmt hatte. Die Ähnlichkeit mit Bonito war verblüffend. Wir vermuteten, dass es sich um ein und dasselbe Pferd handelte. Die erste Sitzung offenbarte den wahren Hintergrund und den tiefen Wunsch seitens Bonitos, die Vergangenheit zu heilen. Auf meiner Fahrt zum Gestüt bat ich Bonito telepathisch, uns zu unterstützen, da ich ihn von der Last, die ihn daran hinderte, sein Leben mit Cynthia zu genießen, befreien wollte. Als ich eintraf, schien er bereits darauf zu warten, mit der Sitzung zu beginnen. Zunächst bat er mich, Cynthia nach bestimmten Mustern auf seinem Rücken zu fragen. Als sie mit den Händen über seinen Rücken fuhr, legte er die Ohren an und murrte, sie solle ihre Augen und ihre Intuition benutzen, nicht ihre Hände.

Verblüffende Ähnlichkeit: Ben und Bonito (rechts)

Cynthia fand einige Stellen. Bonito bat mich, ihr nahezu-
legen, sich in Gedanken auf Bens Rücken vorzuarbeiten. Er
streckte sich ein paar Mal, dehnte seine Wirbelsäule und bat
mich, Cynthia aufzufordern, sich auf ihre eigenen Körperver-
letzungen einzuschwingen, die sie sich zugezogen hatte, als
sie von Ben stürzte, und sich selbst und Ben zu verzeihen.
Es fiel ihr leicht. Ihre Schmerzen schienen merklich nachzu-
lassen.

Cynthias Sichtweise der Angelegenheit beweist ihre innige Liebe für ihre Pferde und das Verlangen, die Hintergründe
einer solch engen Beziehung zwischen Mensch und Tier zu
begreifen.

Ihr Bericht über die Rückführung in ein vergangenes Leben
spricht die Craniosakral-Therapie an, in der sie sich unterrich-
ten lässt und die mit den körpereigenen Heilkräften arbeitet.
Die dem Craniosakral-System innewohnende rhythmische
Bewegung, die einer sanft schwingenden Ebbe und Flut
gleicht, manifestiert sich in allen Körpergeweben. Auf irgendeiner Ebene auftretende Störungen in Gesundheit und Wohl-
befinden unterbrechen den gleichmäßigen Energiefluss und
rufen bestimmte Muster hervor. Bei der Craniosakral-Therapie
werden diese Muster sanft angeregt, sich aufzulösen, was
dem Körper die Möglichkeit gibt, die damit einhergehenden
physischen und/oder seelischen Störungen zu verarbeiten
und zu heilen.

**Cynthia schildert die Rückführung, die sie und Bonito zu beacht-
lichen Veränderungen verhalf, erstaunlich ausführlich und lebendig.**

Als Madeleine von einer Chakra-Behandlung sprach, bat ich
innerlich mein geliebtes Pferd Flight, das von mir gegangen
war, mir zu helfen. Ich fühlte ihre Energie über meine linke
Schulter in mich einströmen. Mein Basis-Chakra glich einem

purpurfarbenen Wirbel, entspannt und gleichmäßig, der einen nach außen gerichteten Tunnel bildete. Mein Sakral-Chakra zeigte sich gelb-grün. Groß und strahlend schien es auf mich zuzukommen. Wenn ich hineinzuschauen versuchte, wich es zurück und wurde zum purpurroten Wirbel. Dann sah ich die Schnauze und den Kopf einer Löwin vor einem gelben Hintergrund. Das Solarplexus-Chakra erstrahlte in voller Farbenpracht. In diesem Moment lehnte Bonito sanft seinen Kopf an meine Schulter, was sich wunderbar wohlig anfühlte. Ein goldrosafarbener Schimmer tauchte auf, den ich aufzusaugen schien. Blumen quollen aus dem Zentrum – rote Rosen – und ich fühlte mich sehr geliebt. Mein Herz-Chakra, aus dem ein gelblich purpurfarbener Nebel aufstieg, zeigte sich rot, mit großen roten Blumen. Mir wurde kalt, als ein weißer Dunst auftauchte. Aus einem roten und rosafarbenen Energiewirbel tauchte Eliza, ein anderes meiner Pferde, auf und mahnte mich, den Kopf hoch zu halten. Eliza blieb recht lange bei mir, ihre Nase in meinen Händen. Ihre Energie war stark und machtvoll. Auf ihrem Hals sah ich ein kleines Fohlen mit aufgerichtetem Kopf liegen und mich anschauen. Ich wusste, dieses Fohlen war ich in einem früheren Leben, wie Eliza uns zuvor mitgeteilt hatte. Sie war gekommen, um mir ihre mütterliche Liebe und Unterstützung zukommen zu lassen.

Bonito tauchte auf, als wolle er mich kontrollieren. Ein Einhorn nickte mir zu, wohl um mir anzudeuten, dass alles in Ordnung war. Ich konnte noch mehr rote Blumen sehen. Ein weißes Pferd legte sein Drittes Auge gegen meines. Ich fühlte mich wunderbar. Alles um mich herum war weiß. Ein kristallklares Tal öffnete sich vor mir. Im Kehlkopf-Chakra konnte ich den Kopf eines stämmigen grauen Pferdes mit leuchtend weißer Nase sehen. Dann sah ich eine Seilrolle. Das Pferd bäumte sich angstvoll und aufgeregt auf. Nebel senkte sich nieder. Ein Tunnel öffnete sich durch das Auge des grauen Pferdes. Durch ein goldenes Leuchten blickend, konnte ich in der Ferne Berge, Wagen und Pferde sehen. Wie der Wind ritt ich ein dunkles Pferd. Plötzlich brach die Verbindung ab. Bonito stand direkt vor mir, als wolle er mich vor etwas beschützen. Ich bat ihn, zur Seite zu treten, denn ich wusste, ich musste mich der Szene stellen. Als Nächstes sah ich ein Schwarzweißbild. Ein Mann hing an einem Seil über einer steinernen Bahnbrücke. Als man das Seil an einem Wagen befestigte und den Körper über die Brücke zog, wusste ich, dass ich es war. Ich hatte mich in meiner Verzweiflung aufgehängt und meine Pferde verlassen.

Über Madeleine forderte mich der Erzengel Michael auf, mit dem Schwert der Wahrheit die Verbindungen zu jenem vergangenen Leben, die mich in diesem Leben zurückhielten, zu durchtrennen. Ich ergriff das Schwert und durchschnitt das Seil um meinem Hals. Momentan überkam mich ein Gefühl, als spränge ich in die Zukunft und unternähme Dinge, die ich mir niemals erträumt hätte. Ich war sehr glücklich. Bonito, umgeben von goldenem Glanz, kam auf mich zu und riet mir, auf die Zukunft zu vertrauen. Ich fühlte mich einen goldenen Tunnel entlang und auf eine goldene Zukunft zu gehen. Alles fühlte sich wunderbar an.

Um meine schmerzvolle Nackensteife zu lindern, benutzte Madeleine eine Kristallschale, der sie unter Anleitung des Erzengels Michael heilende Klänge entlockte. Die beruhigende Heilenergie tat meinem Nacken gut.

Einige Tage später holten mich die aufgekommenen Emotionen ein. Ich fühlte mich schuldig und bereute zutiefst, meine Pferde verlassen zu haben. Es drängte mich zu erfahren, was danach geschehen war. Madeleine schlug vor, die Szene neu zu schreiben und meine Pferde zu visualisieren, die mich von dem Schritt abhielten, damit wir glücklich miteinander von dannen ziehen konnten. Obwohl mir dieser Umkehrprozess und seine einschneidende Wirkung bekannt war, zögerte ich zunächst, da mich die Schuldgefühle übermannten. Schließlich gab ich nach, entzündete eine Kerze und visualisierte den positiven Ausgang. Zu meiner großen Überraschung fühlte ich mich in der Gemeinschaft meiner Pferde sehr glücklich.

Etwa sechs Wochen später spürte ich erneut Schmerzen und eine gewisse Steifheit im Nacken. Ich nahm an, dass es sich um eine andere Ebene jener Episode handelte, und bat Madeleine um Fernheilung. Wenige Tage später führte ich Bonito zu einem Dressurwettkampf. Bonitos Gangart ist zwar hervorragend, aber er hat noch nicht sein volles Potenzial erreicht und zeigte bislang wenig Lust dazu. Er hat so seine „Macken". Der scheinbare Gegensatz zwischen dieser entwickelten und feinfühligen Seele und ihrer Traurigkeit haben mich immer beunruhigt. Obwohl der Dressurlehrer über sehr viel Kenntnisse verfügte und unendliche Geduld zeigte, spürte ich intuitiv, dass ich mit Bonito alleine arbeiten musste, um grundlegende Probleme zu lösen. Ich setzte den Unterricht fort und bemühte mich, ihn leicht und intuitiv zu reiten. Bisweilen bildeten wir eine Einheit, häufiger allerdings schien etwas zwischen uns zu liegen, das uns blockierte.

Als ich Bonito zu dem Wettkampf fuhr, wusste ich, dass ich mich diesmal emotional zurückhalten und nicht nach Gewinn und Punkten trachten sollte. Bonito weigerte sich, die Arena zu betreten, als habe er Lampenfieber. Als wir schließlich begannen, hatte ich das Gefühl, ich würde ein Auto mit gezogener Handbremse fahren.

Auf der Rückfahrt fühlte ich mich nicht unglücklich, sondern eher zufrieden. Da ich emotional nicht involviert gewesen war, erkannte ich, dass Bonitos Inkarnation als Ben zwischen uns stand. Es war an der Zeit, dieses Problem zu lösen. Die Nackenschmerzen waren inzwischen genau an dem Punkt angelangt, an dem ich mir bei dem damaligen Sturz die Verletzung zugezogen hatte.

Ich bat Madeleine um eine Sitzung. Bonito zeigte ihr das Bild von verworrenen Schnüren. So fühlte er sich und gab zu, dass alles schiefgelaufen war. Er erklärte, wie schwierig es sei, als Pferd geboren zu werden, ohne bestimmen zu können, wohin man gehe und was man tue. Er sprach über seine Frustration, dass die Menschen nicht verstehen, wie viel Leid und Unglück sie verursachen können, wenn sie nicht auf die Sensitivität der Pferde achten. Als Fohlen hatte er eine gnadenlose Entwöhnung erlebt und seine Mutter sehr vermisst. Man steckte ihn mit zwei anderen Pferden zusammen, von deren Unterstützung er völlig abhängig war. Auch dort wurde er bald weggenommen und von Irland nach England transportiert. Als junges Pferd wurde er brutal behandelt. Eine Auktion hinterließ tiefe seelische Wunden in ihm. Ich kaufte ihn als Vierjährigen und hielt ihn für sehr unabhängig und selbstsicher, ohne die Traumatisierung und Unsicherheit unter der Oberfläche zu bemerken. Ich konnte ihm nicht genügend Stütze sein. Als seine Frustration und sein Ärger an die Oberfläche drangen, kam es zu zwei schweren Unfällen. Ich hatte niemals aufgehört, Ben zu lieben, und mir immer gewünscht, eine Lösung für seine Probleme zu finden. Bonito bat mich, ihm und mir selbst zu verzeihen.

Dann forderte er mich auf, bestimmte „Muster", Problemzonen in ihm und in seiner Gestalt als Ben, aufzulösen. Er trat zur Seite und gewährte mir Zugang zu Bens Wesen, so dass ich an ihm arbeiten konnte. Bonito fragte mich nach meinem Gefühl, wenn andere mich falsch beurteilen, und bat mich, über derartige Situationen in meinem Leben nachzudenken. Ich beteuerte ihm, dass es mir bei unserem gemeinsamen Weg nur auf die Einheit zwischen uns ankomme. Ich sehnte mich nur danach, die Harmonie der Bewegung zu erleben. Madeleine schlug vor, das Skript umzuschreiben und mir vorzustellen, Ben zu reiten, ohne zu verunglücken. Dies fiel mir nicht schwer. Alles war vergeben, und wir verstanden uns jetzt auf einer sehr tiefen Ebene.

Über Madeleine fragte ich Bonito, wie er sich wünsche,

dass ich ihn reite. Er erwiderte, ich solle ihn genauso reiten wie ich Ben in meiner Visualisation geritten hatte.

Es war eine Freude, Bonito während der nächsten Tage zu reiten. Ich trainierte ihn und bemühte mich, bei allen Übungen von jener Ebene in mir auszugehen, auf der ich mit Ben in Kontakt getreten war. Schritt und Trab verliefen einwandfrei. Mir war klar, dass ich den langsamen Galopp zunächst mit Ben durchführen musste. Sein Kanter war unregelmäßig, mit anderen Worten, seine Beine bewegten sich in der falschen Reihenfolge. Dies verblüffte mich, denn dies war der Grund gewesen, dass einer der vorhergehenden Besitzer Bonitos auf einer Operation bestanden hatte. Ich visualisierte eine Craniosakral-Behandlung und ritt Bonito erneut. Diesmal klappte es. Dennoch bedurfte es der Verbesserung, da er noch nicht auf beiden Seiten gleichermaßen ausbalanciert war.

In meiner nächsten Visualisation „sah" ich einen vollkommenen Kanter, verwandelte mich aber immer wieder in einen Jockey, der Ben über Zäune jagte, weshalb ich annahm, dass Ben seine Verletzungen aus einer früheren Inkarnation als Rennpferd zurückbehalten hatte. Da ich mir sicher war, sein Jockey gewesen zu sein, wunderten mich meine vielen Schmerzen und Wehwehchen nicht.

Eine Woche nach Madeleines Besuch nahm ich Bonito zum Unterricht mit, um den Kanter zu üben. Tief in meinem Inneren war ich zuversichtlich, obwohl ich äußerlich noch eine gewisse Ängstlichkeit spürte. Die Schwierigkeiten beim Kanter hatten zu meinem Zerwürfnis mit Ben geführt. Bonito zeigte dasselbe Problem. Bei Schritt und Trab bildeten wir eine Einheit. Es fühlte sich wunderbar an. Ich wagte es kaum, ihn in den Kanter überzuleiten. Abgesehen von einer winzigen Korrektur, gelang er einwandfrei. Wir fühlten uns unglaublich zusammen.

Der nächste Schritt wird sein, im Wettkampf zu siegen. Wichtiger allerdings ist es, dass ich gelernt habe, auf Ben zurückzugreifen, um verbliebene Probleme zu lösen und zu heilen, wenn die Einheit zwischen Bonito und mir gefährdet ist.

Meine Pferde haben mich durch aufregende Erlebnisse geführt und dazu beigetragen, dass ich geistig erwachte und mein Leben veränderte.

Denke ich an die Sitzungen mit Cynthia und Bonito, erstaunt mich die Wirkung der Prozesse. Die Verbindung zwischen Ben, Bonito und Cynthia ermöglichte es ihnen, die Probleme aus einem vergangenen Leben auf mehreren Ebenen aufzuarbeiten und Vergebung und Heilung zu gewinnen.

Kapitel 9

WEHREN SICH UNSERE TIERE DAGEGEN, EINGESCHLÄFERT ZU WERDEN?

> Der Tod kommt nicht als Ende, er kommt als Freund.
> Unsere Körper sind nur Hüllen, zurückgelassen an den
> Küsten des Lebens. Auf dem Ozean des Lichtes werden
> die Träger des Geistes und der Liebe niemals sterben.
>
> Rose de Dan, Tails of a Healer

Zu diesem traurigen Thema werde ich häufig befragt. Daher möchte ich es an dieser Stelle ansprechen, weil es offenbar jeden Tierbesitzer beschäftigt. Solche Situationen habe ich stets als sehr schmerzhaft und schwierig empfunden und mich schuldig gefühlt, wenn ich an den Heimgang meiner geliebten Tiere dachte. Ein befreundeter Landwirt meinte einmal sehr sachlich: „Wo es lebendige Tiere gibt, gibt es auch tote Tiere." Als Kind empfand ich diese Haltung als herzlos. Heute begreife ich einiges mehr, denn die Tiere selbst haben mich belehrt. Pillow, mein Hund auf geistiger Ebene, ist einer meiner wichtigsten Lehrer. Er hat mir zu verstehen gegeben, dass Schuldgefühle Energievergeudung sind und die Tiere ein besseres Verständnis für den Tod und das Sterben besitzen als die Menschen. Pillow betont, dass Tiere und Menschen niemals wirklich verlorengehen und Aussagen wie „verloren durch Krebs" Unfug sind. Pillow betont immer wieder, dass es sich nur um eine andere Dimension handelt. Es ist so, als gehe man von einem Raum in einen anderen.

Als ich meinem Sohn zu erklären versuchte, dass unsere geliebte Ziege Mulberry eingeschläfert werden müsse, weil sie zu alt sei und unter starken Schmerzen leide, bat ich Pillow um Unterstützung für die richtigen Worte, um ihm verständlich zu machen, dass seine beste Freundin und Vertraute nicht länger in physischer Form bei uns bleiben könne. Ich erklärte ihm, dass wir für das Wohlergehen unserer Tiere nicht nur zu ihren Lebzeiten sorgen müssen, sondern auch für sie verantwortlich sind, wenn ihr Ende naht. Ich bin der festen Überzeugung, dass uns die Tiere wissen lassen, wann sie zu sterben bereit sind. Bei Mulberry war ich mir sicher, bedurfte aber besonderer Führung, da die enge Verbindung zwischen ihr und meinem kleinen Jungen von tiefen Emotionen geprägt war. Ich wandte mich an Julie, eine Tierkommunikatorin, die sich auf Mulberry einstimmte und mir beipflichtete, dass es definitiv der rechte Zeitpunkt für das Tier war. Meinem Sohn erklärte ich, dass die Liebe zwischen Mulberry und ihm niemals enden werde, gleichgültig, was geschehe. Wir verbrachten ein wunderschönes letztes Wochenende mit ihr. Nachdem wir unsere Entscheidung getroffen hatten, zeigte sich das Tier glücklicher und anschmiegsamer, als es ohnehin schon immer gewesen war. Mein Sohn schien zu verstehen. Er verabscheute den Gedanken, dass seine Freundin leiden müsse, und hatte seine Gefühle besser unter Kontrolle als ich.

Als Mulberry eingeschläfert worden war, musste ich mich zusammenreißen, um einer Freundin, die einen Kurs für Energieheilung besuchte, zu helfen. Sie verstand meine Traurigkeit, empfand aber eine Behandlung als angebracht. Ich lag mit geschlossenen Augen auf ihrer Behandlungsliege und wunderte mich, vor meinen inneren Augen Mulberry von jener Stelle, an der sie gestorben war, aufspringen und mit einem völlig neuen jungen Körper wie eine überaktive Gazelle im Hof herumhüpfen zu sehen. In ihren jungen Jahren hatte sie ebenso wild mit ihrem Schwanz gewedelt, wenn sie glücklich oder aufgeregt war. Ich glaube, sie schickte mir dieses Bild, um mir zu zeigen, wie glücklich sie sich ohne den alten, schmerzgeplagten Körper fühlte. Ich weiß auch, dass sie und mein Sohn bereits in einem früheren Leben zusammen waren und sich wiederfinden werden, wenn es an der Zeit ist. Für jetzt spürt er ihre Anwesenheit und fragt sie um Rat. Ihre Liebe wird ihn stets begleiten.

Einer der schwierigen Aspekte meiner Arbeit besteht darin, dass man mich gelegentlich fragt, ob das Tier bereit ist zu sterben, da sich der Besitzer unsicher fühlt, ob er dem Leben seines Tieres ein Ende setzen darf. Eine solche Entscheidung ist immer mit starken Emotionen verbunden. Schwinge ich mich auf die Seelenebene der Tiere ein, geben sie mir klare Anweisungen. Oft sorgen sie sich um den Kummer, den eine solche Situation ihren Besitzern verursacht, und suchen nach Wegen und Möglichkeiten, ihnen zu versichern, dass alles seinen richtigen Gang nimmt. Von allen Readings mit Tieren auf geistiger Ebene hat kein einziges Tier seinen Besitzer beschuldigt, diese Entscheidung getroffen zu haben. Immer wieder erinnern sie mich an das größere Bild – den Blick von der Seelenebene aus, um uns daran zu erinnern: „Nichts geht jemals verloren!"

Natürlich ist der Trauerprozess wichtig. Wir dürfen unserem Kummer Ausdruck verleihen, wenn jemand von uns gegangen ist. Es sind die Zurückgebliebenen, die leiden, und die Freude, die die körperliche Anwesenheit des Gefährten mit sich brachte, vermissen. Ich hoffe, die folgenden Geschichten tragen dazu bei, den Schmerz, den viele in einer solchen Situation erleiden, ein wenig zu mildern.

Rachel und Emily

Ich hatte Rachel besucht, um mit ihrem Pferd zu kommunizieren, und wurde von zwei großen freundlichen Rottweilern herzlich begrüßt. Rachel hatte erwähnt, dass einer der beiden Hunde, Emily, unter schrecklichen Anfällen litt, und sie befürchtete, diese nicht mehr unter Kontrolle halten zu können, da sie immer häufiger auftraten. Später wurde ich zu Emily gerufen, die einen heftigen Anfall erlitten und sich dabei den

Kopf angeschlagen hatte, was der Familie großen Kummer bereitete. Rachel fragte sich, ob es nicht das Beste wäre, sie einschläfern zu lassen. Ich hatte das Gefühl, dass sie dazu noch nicht bereit sei, obwohl Emily mir „gesagt" hatte, dass sie während dieser schweren Anfälle ihren Körper verlasse und es als zunehmend schwierig empfinde, in einer physischen Form zu verweilen. Vielleicht bereitete sie die Familie auf das Unvermeidbare vor.

Einige Monate später rief mich Rachel an und berichtete, dass Emily nach mehreren Anfällen in der Auffahrt lag und nicht recht bei sich zu sein schien. Ich stimmte mich auf sie ein und erhielt die rasche Antwort, dass sie bereit sei zu gehen. Rachel rief den Tierarzt, und nach einem tiefen Atemzug glitt Emily aus ihrem Körper. Währenddessen „sagte" sie mir, dass sie noch eine Weile mit der Familie verbringen wolle, die ihr Leben feiern solle. Sie wies mich auf Blumen und Kerzen hin. Ich erklärte Rachel die Bilder und schlug vor, gemeinsam mit den Kindern ein Ritual abzuhalten, um Emily ihre Liebe zu zeigen. Rachel schickte mir später ein Foto von Emily, die umgeben von Rosenblättern und Bildern, die die Kinder für sie gemalt hatten, ruhte. Der andere Hund und die schwarze Katze hatten sich zu ihr gesellt. Sie sah hoheitsvoll und gelassen aus, als ob ihr die Verehrung, die man ihr entgegenbrachte, Freude bereitete. Als ich mich auf sie einschwang, wackelte sie mit dem Hinterteil und mit ihrem kurzen Schwanz. Sie war überglücklich. Rachel meinte, als ganz junges Tier habe sie mit dem ganzen Körper gewackelt. Obwohl die Familie ihre körperliche Anwesenheit sehr vermisst, spürt sie diese immer noch. Für die Kinder war es wichtig, ihren Teil dazu beizutragen und die geliebte Emily mit ihren selbst gemalten Bildern zu ehren.

Es heißt, wir sollen nicht versuchen, Menschen oder Tiere festzuhalten, sondern müssen sie gehen lassen, damit sie und auch wir weiterschreiten können. Bis zu einem gewissen Punkt mag dies zutreffen, aber ich glaube, unsere Tiere (ebenso wie wir) können so vieldimensional werden, dass wir aus vielen Realitäten zu wählen vermögen. Das kann auch bedeuten, einen neuen Körper anzunehmen, der uns physisch zu unseren Lieben zurückkehren lässt.

Schöne Bella

Ähnliche Botschaften und Bilder erhielt ich von einem wunderschönen Pferd, Bella genannt.

Bella wurde von zwei Menschen liebevoll versorgt. Trotz aller Fürsorge verschlimmerte sich die chronische Lähmung des Pferdes. Auf Anfrage einer der beiden Besitzerinnen, die sich sehr offen dafür zeigte, die Dinge von der Seelenebene aus zu betrachten, erstellte ich ein Reading. Offensichtlich bestand eine enge Bindung zwischen ihr und Bella. Sich von dem Pferd trennen zu müssen, bereitete ihr großen Kummer. Als sie mir später mitteilte, dass die andere Besitzerin beschlossen hatte, Bella einzuschläfern, konnte ich nur zustimmen. Ich kannte den Termin und sandte Bella und ihrer reizenden Besitzerin zur Unterstützung weißes Licht. Kurz darauf drängte sich Bella in meine Gedanken. Ich sah sie glücklich und befreit über eine herrliche Wiese galoppieren. Sobald ich von meinem Spaziergang mit den Hunden nach Hause zurückkehrte, schrieb ich der Besitzerin eine E-Mail und berichtete, was ich gesehen hatte. Bald darauf läutete das Telefon. Sie hatte genau das gleiche Bild wahrgenommen, kurz nachdem Bella aus ihrem Körper geglitten war. Auch sie wurde Zeugin der unbändigen Freude, endlich von den Schmerzen befreit zu sein. Diese Gewissheit tröstete sie über ihren Kummer hinweg.

Frodo, der Terrier

Dieser Fall steht als Beispiel für die unendliche Liebe in der geistigen Welt und wirft die Frage auf, wer sich unserer dahingeschiedenen Lieben im Jenseits annimmt und sie führt. Es bedeutete für uns alle eine große Erleichterung, dass dieser wundervolle Hund sich in den besten Händen befand.

Man rief mich zu einer Dame mit Namen Lorna. Sie bat mich, mich auf ihren alten Terrier Frodo einzuschwingen, den sie vor drei Wochen hatte einschläfern lassen. Die Krebserkrankung, die er zwei Jahre zuvor erfolgreich bekämpft hatte, war umso heftiger zurückgekehrt. Diesmal wäre er nicht in der Lage gewesen, die Entfernung des neuen Tumors zu überstehen. Er war fünfzehn Jahre alt und ein Leben lang von seiner Besitzerin angebetet worden.

Als ich die Fotos von Frodo, die einen Tag, eines davon sogar erst vier Stunden vor seinem Tod aufgenommen wurden, betrachtete, überraschte mich sein Gesichtsausdruck. Lorna quälte sich mit dem Gedanken, ob sie ihn nicht ein drittes Mal hätte operieren lassen sollen. Frodo war gelassen und mutig gewesen. In seinen Augen konnte ich den Kampf sehen, den er ausfocht, aber er war entschlossen, so lange wie möglich durchzuhalten, um für Lorna stark zu sein. Ihn einer weiteren Operation zu unterziehen, wäre schrecklich für ihn gewesen. Die Anästhesie hätte er wohl kaum überlebt. Die Augen auf diesem letzten Foto zeigten mir, dass er genug hatte. Ich stimmte mich auf ihn ein. Lorna bat mich herauszufinden, ob er unter Schmerzen gelitten hatte. Frodo erzählte, am Anfang sei der Tumor nur hinderlich gewesen, später dann schmerzhaft. Er versicherte, dass sein Übergang auf die Sekunde genau der richtige Zeitpunkt gewesen sei. Als ich dies laut aussprach, überlief mich ein kalter Schauer, stets ein Zeichen dafür, dass es die Wahrheit ist. Ich freute mich, diese Botschaft an Lorna weiterleiten zu können, und hoffte, sie damit zu beruhigen, dass sie richtig gehandelt hatte.

Während wir uns unterhielten, zeigte mir Frodo unaufhörlich das Bild eines größeren schwarzen Hundes, wohl einer Hündin, die schwanzwedelnd um ihn herumlief. Er zeigte mir außerdem eine Reihe von Spielen, zu denen er in der geistigen Welt wieder fähig war, genauso wie als gesunder junger Hund auf der Erde. Lorna bestätigte alle Einzelheiten, die ich ihr weiterleitete, und lachte, als sie sich an Frodos Eskapaden erinnerte. Sie war traurig, dass sie ihn seit seinem Tod nicht mehr gespürt hatte. Ihre beiden Kinder träumten von ihm und sahen ihn um sie herumspringen wie früher. Sie waren überzeugt, dass es ihm in der geistigen Welt gut ging. Frodo machte mich auf Lornas Aura aufmerksam, die ihr Kummer nahezu zerfetzt hatte. Ich schlug ihr einige Heilmittel vor und versprach, an der Kräftigung ihrer Aura zu arbeiten.

Lorna wollte wissen, wer Frodo in der geistigen Welt in Empfang genommen hatte. Ich erzählte ihr von der schwarzen Hündin. Es war Mandy, die sie früher einmal besessen hatten. Es machte sie glücklich, dass sie sich um Frodo kümmerte. Frodo zeigte mir ein weiteres Bild. Unsagbar liebevolle Hände hielten seinen Kopf. Es waren die Hände eines alten Mannes, was ich an der leichten Arthritis und dem Siegelring erkannte. Obwohl sehr maskulin, strahlten sie große Zärtlichkeit und Kraft aus. Die Liebe, die ihnen entströmte und über Frodo auf Lorna flutete, überwältigte mich. „Es ist mein Großvater!", meinte sie, der daraufhin eine weitere Welle der Liebe sandte. Lorna und ich unterhielten uns eine Weile und waren überglücklich, dass sich Frodo so wohl fühlte und in so guten Händen war – wortwörtlich!

Im Gegensatz zu diesen drei Fällen erklären mir manche Tiere eindeutig, dass sie noch nicht bereit sind zu gehen. Sie haben das Gefühl, ihre Aufgabe auf physischer Ebene noch nicht erfüllt zu haben und mehr Zeit zu benötigen. Es ist äußerst wichtig, auf die Bedürfnisse unserer Tiere zu hören. In einem Fall hatte man für den Hund Rosie bereits einen Termin gebucht. Der Besitzer war jedoch im Zweifel. Ich besprach ihren Zustand mit holistisch arbeitenden Tierärzten, die eine Alternativbehandlung vorschlugen. Rosie erholte sich vollkommen und lebte glücklich zwei weitere Jahre, bis sie friedlich einschlief. Die Intuition des Besitzers war durchaus richtig gewesen.

Trotz allen Wissens wird die Entscheidung, ein Tier einschläfern zu lassen, stets schwierig bleiben. Ich hoffe, die Lektüre dieses Buchs wird ein winziger Tost sein. Unsere Tiere werden immer einen Weg finden, zu uns zurückzukehren oder unseren Lebensweg von geistiger Ebene aus zu unterstützen.

Kapitel 10

MEDITATIONEN UND VISUALISATIONEN, UM UNS MIT DEN VERGANGENEN UND ZUKÜNFTIGEN LEBEN UNSERER TIERE IN VERBINDUNG ZU SETZEN.

Liebe und Respekt spielen bei der Kommunikation mit unseren Haustieren eine wesentliche Rolle. Wir sollten sie respektieren und ihre Weisheit niemals unterschätzen. Die Tiere fühlen und verstehen oft die tiefe, nahezu spirituelle Verbundenheit. Es überrascht mich immer wieder, wie sehr sie sich unserer körperlichen und seelischen Probleme bewusst sind und sich wünschen, uns glücklich und gesund zu sehen und uns dabei zu helfen. Ihr Verhaltensmuster „spiegelt" oft wider, was in unserem Leben vor sich geht. Aus Sympathie übernehmen sie mitunter sogar körperliche Symptome. Wir sollten uns ebenso wachsam ihnen gegenüber verhalten. Indem wir auf ihre Bedürfnisse achten und auf ihren Rat hören, lernen wir vieles über uns selbst. In der unscheinbaren physischen Gestalt eines Hundes, einer Katze oder eines Meerschweinchens verbergen sich höchst komplexe Wesen, die sich um uns sorgen.

Die zehn wichtigsten Punkte
bei der Kommunikation mit Tieren

- Bitte das Tier laut oder in Gedanken respektvoll um die Erlaubnis, mit ihm in Kontakt zu treten. Es mag sich zunächst seltsam anfühlen, aber sie werden dich mit Sicherheit „hören" und verstehen. Tiere wissen sehr viel mehr, als wir annehmen.

- Bevor du versuchst zu „hören", was Tiere sagen, setze dich still hin und verbinde dich mit deinem Herzen. Es mag hilfreich sein, die Augen zu schließen, um sich wirklich zu konzentrieren. Fühle, wie dein Herz sich wie eine Blüte öffnet. Stelle dir eine silberne oder goldene Linie oder einen Lichtstrahl vor, der dich mit dem Herz-Zentrum deines Tieres verbindet.

- Beginne am Anfang mit etwas Einfachem. Frage nach seinem Lieblingsfutter, seinem Freund oder seinem Lieblingsplatz. Es mag sinnvoll sein, alles, was dir in den Sinn kommt, niederzuschreiben, während du lernst, deine telepathischen Fähigkeiten zu stärken und ihnen zu vertrauen.

- Wir alle besitzen diese Fähigkeiten. Die Dinge niederzuschreiben, kann dazu beitragen, es sich selbst zu beweisen. Es kann in Form von Bildern, physischen Empfindungen, Tönen und Gerüchen auftauchen; oder man mag es sogar schmecken.

- Empfindet man irgendein körperliches Unbehagen, wie Zahnschmerzen, weil die Zähne des Tieres überprüft werden müssen, oder Rückenschmerzen, weil sein Rücken ausgerichtet werden muss, atme man dieses Empfinden aus dem Körper hinaus und leite es in den Boden. Man soll das Unbehagen des Tieres nicht mit sich herumtragen.

- Denke darüber nach, ob die Beschwerden in einem Bereich *deines* Körpers liegen, den du ignoriert hast. Vielleicht will dein Tier dich darauf aufmerksam machen, dass du auf dich achten sollst.

- Dein Tier wird wissen, in welcher Stimmung du morgens aufstehst. Besprich deine Probleme mit ihm. Es wird ihm helfen zu verstehen, was sich in deiner Welt abspielt, und ihm die Sorge nehmen, dass es irgendeine Schuld daran trägt. Außerdem kann es dir bei der Lösung der Probleme ermutigend zur Seite stehen.

- Lege einen Aktionsplan fest, anhand dessen du deutlich erkennen kannst, auf welche Weise du deinem Tier hilfst, indem du ein positives Ergebnis anstrebst. Das wird eure Beziehung vertiefen und euer gegenseitiges Vertrauen stärken.

- Führe Tagebuch über deine Eindrücke. Botschaften, die zunächst keinen Sinn machen, mögen später einleuchtend sein. Befasst man sich mit den Tieren anderer Leute, sollte man über die Eindrücke und Gedanken sprechen können, damit sie deine Informationen intuitiv bestätigen können.

- Übe! Öffne dich vertrauensvoll der Möglichkeit, mehr Ausgeglichenheit, Harmonie und Liebe zwischen dir und deinem Tier zu erleben, als du vermutet hast.
  Von den Tieren kann man vieles lernen, wenn man nur zuhört.

Der letzte Punkt ist von solch großer Bedeutung, dass er außerhalb der Liste steht. Danke deinem Tier von ganzem Herzen für seine Geduld, seine Liebe und seinen Einsatz. Seine Unterstützung ist unbezahlbar. Es kann dir helfen, dich wieder mit den Wundern des Universums, deinem individuellen und dem kollektiven göttlichen Auftrag in Verbindung zu setzen.

Mit Tieren zu arbeiten, erweist sich oft als sehr emotional, besonders wenn es darum geht, Entscheidungen über ihr Leben oder ihren Tod zu treffen. Wir sollten uns bemühen, die Situation nüchterner zu betrachten, um wirkungsvoll helfen zu können. Nehmen wir zu unserem Tier in der geistigen Welt Kontakt auf, sollten uns

Freude und Dankbarkeit erfüllen, unser Leben mit ihm zu teilen und von ihm geliebt zu werden.

Bei einem meiner Kommunikationskurse machte mein wundervoller Hund Winnie der Gruppe ein Geschenk. Der Kurs fand bei der Wohltätigkeitsveranstaltung einer Organisation statt, die ausgesetzte, vernachlässigte und unerwünschte Pferde und Ponys aufnimmt. Die Pferde haben den Teilnehmern immer geholfen, mit ihnen zu kommunizieren und ihr Vertrauen zu stärken. Oft übermittelt ein Pferd jedem Gruppenmitglied eine Botschaft, was als Ehre betrachtet werden kann, besonders wenn dieses Pferd früher aufgrund von Grausamkeit und Unwissenheit misshandelt wurde. Die Fähigkeit der Tiere, dem Menschen zu vergeben und mit ihm zu fühlen, verblüfft mich immer wieder.

Winnie

Bei jenem Kurs wurden wir gebeten, mit einem wunderschönen alten Pferd namens Dazzle zu kommunizieren. Die Stute war vor einigen Tagen gebracht worden. Sie war sehr krank. Sie schien ein liebevolles Zuhause gehabt zu haben, aber ihre Besitzer konnten sich ihre Pflege nicht länger leisten. In ihrer Unwissenheit hatten sie nicht erkannt, wie sehr das Pferd litt. Es war dem Tod nahe und bereitete sich darauf vor. Einige aus der Gruppe hatten zu kämpfen, als wir die Gefühle, die wir von Dazzle aufnahmen, miteinander teilten. Mein Hund Winnie, der häufig die Vermittlerrolle in meinen Kursen übernimmt, unterbrach meine Gedanken und forderte uns auf, in den Vorlesungsraum zurückzukehren, weil er uns etwas mitzuteilen hatte, um besser mit der Situation fertig zu werden. Wir sollten uns einen indianischen Traumfänger vor unserem Herzen vorstellen. Wir visualisierten das spinnwebartige, mit Kristallen durchwobene Gebilde, das den Schmerz herausfilterte, ehe er zu tief in unser Herz einzudringen vermochte, damit wir effektiv handeln und von Nutzen sein konnten. Es diente nicht dazu, unser Mitgefühl auszuschalten, sondern nur um den Strom unserer Liebe zu verstärken. Nach dieser Visualisation fühlte sich jeder in der Gruppe gekräftigt. Wir gingen zurück zu Dazzle und nahmen unsere Heilungsarbeit wieder auf. Die Leiterin der Zufluchtsstätte entschied, Dazzle zwei Tage später einschläfern zu lassen. Einige Gruppenteilnehmer glaubten versagt zu haben, da es uns nicht gelungen war, das Pferd zu „heilen" oder zu „retten." Ich hingegen empfand es als eine Ehre, dass wir Dazzle in ihren letzten Erdentagen begleiten durften. Vielleicht hatten wir dazu beigetragen, dass sie mit der ihr gebührenden Würde in Frieden scheiden durfte. Unsere Tiere wollen nicht, dass wir trauern und Schmerz empfinden. Sie möchten, dass wir uns an die schönen Tage erinnern, die wir gemeinsam erlebt haben. Ebenso wie der Geist eines Menschen nicht zu uns vorzudringen vermag, wenn er fühlt, dass es uns aufregen wird, verhält es sich mit dem Geist eines Tieres. Aber wir dürfen nicht vergessen, dass die Liebe über allem steht.

Wie gehen wir vor, wenn wir mit unseren Tieren kommunizieren? Die folgende Liste spricht einige Formen der Kontaktaufnahme an. Welche wir wählen, bleibt dem Einzelnen überlassen. Es gibt keinen richtigen oder falschen, schlechteren oder besseren Weg. Aus meiner Erfahrung variiert die Kommunikationsmethode und hängt davon ab, was das jeweilige Tier mir zu verstehen geben oder wie es mir helfen will. Wesentlich ist, für alles offen zu sein und seiner Intuition zu vertrauen.

Verschiedene Wege, mit Tieren in Kontakt zu treten

- Hell-Sehen: Es bedeutet, „klar zu sehen" und bezieht sich auf die Fähigkeit, mit den inneren Augen zu schauen sowie intuitiv etwas über Vergangenheit, Gegenwart oder Zukunft zu wissen.

- Hell-Fühlen: Es bedeutet, „klar zu fühlen" und bezieht sich auf die Fähigkeit, die Emotionen oder physischen Empfindungen anderer intuitiv zu erfassen.

- Hell-Hören: Es bedeutet, „klar zu hören" und bezieht sich auf die Fähigkeit, Worte und Sätze mit den „Ohren des Geistes" zu vernehmen. Man spricht auch von Telepathie. Wenn man auf diese Weise hört, klingt das Gehörte wie mit der eigenen Stimme gesprochen, so dass man sich fragen mag, was man hört. Mit der Zeit und ein wenig Übung wird man lernen, seinen Fähigkeiten Vertrauen zu schenken.

- Hell-Riechen: Es bedeutet, „klar zu riechen" und tritt nicht so häufig auf wie die anderen Formen, aber einige Menschen erhalten auf diesem Wege eindeutige Informationen.

- Hell-Schmecken: Es bedeutet, „klar zu schmecken", was sich auf die intuitive Fähigkeit bezieht, Geschmackseindrücke zu gewinnen, wie den Geschmack von Fisch, wenn eine Katze von ihrem Lieblingsfutter spricht.

Man kann auch versuchen, die vergangenen und zukünftigen Leben seiner Tiere in der geistigen Welt über ein Foto, ein Halsband oder gegebenenfalls seine Asche intuitiv zu erfassen. Dieser Vorgang mag sehr emotional verlaufen. Es kann aber auch große Freude bereiten, ein Bild des zukünftigen Daseins seines Lieblings zu erhaschen. Tränen sind oft ein Zeichen dafür, dass man erneut die gegenseitige Liebe spürt. Ich erstelle unzählige Readings für Tierbesitzer, die beten, dass ihr Tier eine Seele haben und eines Tages in physischer Form zu ihnen zurückkehren möge. Es erfüllt mich jedes Mal mit Demut, wenn ich Ihnen von diesen geliebten Tieren eine Zusicherung übermitteln darf. Noch eindringlicher ist es, wenn man selbst mit seinem Tier Verbindung aufnehmen kann.

Vor Jahren pflegte ich Tiere zu portraitieren. Manchmal baten mich Tierbesitzer, ihren verstorbenen Liebling zu malen. Ich stand oft unter großem Druck, ihn möglichst genau wiederzugeben. Ich starrte auf ein Foto und bemühte mich, ein bestimmtes Merkmal wiederzugeben. Zu meiner großen Überraschung spürte ich oft den Geist des Tieres in mein Energiefeld treten und das Bildnis vervollständigen. Die Augen besaßen mit einem Mal eine Tiefe, die ich zuvor nicht einzufangen vermochte. Das Tier schien über mich seinem Besitzer versichern zu wollen, dass seine Liebe zu ihm niemals versiege. Oft überwältigte mich ihre Liebe in einem Maße, dass ich achtgeben musste, nicht in Tränen auszubrechen und das Portrait zu verschmutzen. Gewöhnlich arbeitete ich mit Pastellfarben, die zu meinem größten Erstaunen manchmal ihren eigenen Weg zu nehmen schienen.

Will man mit der Fotografie seines Tieres arbeiten, ziehe man sich an einen ungestörten Platz zurück und lege das Bild, am besten eines, auf dem die Augen deutlich zu sehen sind, in den Schoß. Im Hintergrund kann sanfte Musik spielen. Visualisiere einen von dir ausgehenden Strahl deiner Liebe in das Herz deines Tieres auf dem Foto eintreten. Erinnere dich an gemeinsame glückliche Zeiten, in denen du dich besonders eng mit ihm verbunden gefühlt hast, sei es auf einem Spaziergang oder bei einem Ausritt; oder sieh dich auf seinem Lieblingsplatz sitzen. Löse den Blick von dem Foto, schaue sozusagen hindurch, und bitte das Tier, dir zu zeigen, in welcher Form es vielleicht zurückkommen wird. Achte auf intuitiv erfasste Bilder. Du bist vielleicht überrascht, eine völlig andere Spezies wahrzunehmen. Versuche nicht, das Geschaute als Phantasiegebilde oder Wunschvorstellung abzutun. Notiere es und warte, was geschieht. Der Zeitpunkt mag verschwommen erscheinen, da es in der geistigen Welt keinen Zeitfaktor gibt. Sei geduldig!

Vielleicht siehst du Bilder einer früheren Verbindung mit deinem Tier. Wie wir gesehen haben, kann es ein Mensch gewesen sein, was die enge Beziehung in diesem Leben erklären mag. Sei also nicht schockiert oder skeptisch, wenn derartige Visionen auftauchen. Das Geheimnis besteht darin, für alles offen zu sein. Wenn man liebt, kann man nicht irren. Tauchen negative Gefühle oder Bilder in Bezug auf ein früheres Trauma auf, lasse deine Kreativität spielen und stelle dir einen glücklichen Ausgang des Geschehens vor. Unser Geist besitzt eine unglaubliche Macht. Eine positive Intention lässt vieles erreichen. Achte auf Verbindungen und darauf, wie sich mögliche Informationen über ein vergangenes Leben auf ein Geschehen im jetzigen Leben auswirken oder sie widerspiegeln mögen. Die Vergangenheit zu heilen, bedeutet, die gegenwärtigen Gegebenheiten zu ändern oder zu verbessern.

Chakra-Heilung

Die Arbeit mit den Chakras vermag nicht nur zu heilen, sondern ist ein emotionaler „Barometer" unserer Gefühle auf tieferen Ebenen. Unsere Tiere besitzen ein ähnliches physisches Chakra-System, mit dem man arbeiten kann. Sich auf jedes der sieben Haupt-Chakras konzentrierend, lasse man Bilder, Farben, Worte oder Gefühle zu. Trifft man auf etwas „Schwammiges" oder Negatives, stelle man sich weißes Licht vor, das man hineingießt, um das Bild zum Positiven zu wenden. Man kann die Visualisationen notieren und die im Laufe der Zeit eventuell eintretenden Veränderungen verfolgen. Wichtig ist nur, den Dingen, die aus dem Gleichgewicht geraten zu sein scheinen, offen, wissbegierig und wachsam gegenüberzutreten.

Mit Bildersymbolen zu arbeiten, bahnt den Weg durch die Ängste, ob man tatsächlich in der Lage ist, etwas zu „sehen" und Informationen zu erhaschen. Unser Unterbewusstsein arbeitet sehr gut mit Bildern und gibt uns stets das, was wir benötigen, um uns selbst zu heilen und die Bedürfnisse unserer Tiere intuitiv zu erkennen.

Zum Abschluss der Übung hülle dich und das Tier in weißes Licht. Du kannst dir auch jedes einzelne Chakra als wunderschöne Blume vorstellen und entscheiden, wie weit du dich in jedem Zentrum öffnen möchtest, indem du symbolisch den Öffnungsgrad bestimmst, von der Blütenknospe bis zur voll erblühten Blume. Auf diese Weise kannst du dich schützen und deine Energie bewahren, wenn du in Kontakt mit der Außenwelt stehst. Die Emotionen und Gefühle anderer Menschen aufzufangen, kann auslaugend wirken.

- BASIS-CHAKRA. Wirbelsäulenende; Gefühl der Sicherheit; Farbe Rot.

- SAKRAL-CHAKRA. Beckenmitte; Gefühl der Identität und Bestätigung, Sexualität; Farbe Orange.

- SOLARPLEXUS-CHAKRA. Oberhalb des Nabels; Selbstwertgefühl, Verdauungsorgane; Farbe Gelb.

- HERZ-CHAKRA. Brustmitte; Eigenliebe; Herz und Lunge, Farben Rosa und Grün.

- KEHLKOPF-CHAKRA. Hals und Mund; Selbstausdruck; Farbe Himmelblau.

- STIRN-CHAKRA. Stirnmitte; Sitz der Intuition; Augen und Ohren; Farbe Indigo.

- KRONEN-CHAKRA. Schädelmitte; persönliche Macht, Verbindung zum Geist. Farben Violett oder Weiß.

Man sollte die Kraft der Chakra-Visualisation nicht unterschätzen. Sie vermag einen sehr tiefgreifenden Energiewandel zu bewirken. Außerdem weist sie auf Bereiche hin, die der Ausbalancierung bedürfen, auf physischer oder auf anderer Ebene.

Tierführer

Die Indianer glauben, dass jedes Tier über seine eigene Medizin verfügt. Sie verstehen darunter die Kraft oder Eigenschaft, die das Tier mit uns teilen kann. Ebenso wie es menschliche Geistführer gibt, gibt es spezielle Tiere, die uns führen. Dies können Tiere sein, die wir aus einem gemeinsamen Leben kennen (wie meine geliebte Pillow), oder Tiere, zu denen wir noch niemals physischen Kontakt besessen haben. Es kann geschehen, dass Tiere völlig unerwartet zu uns vordringen, um uns beizustehen. Um deinen Tierführer anzurufen, ziehe dich an einen ungestörten Platz zurück. Wenn du möchtest, entzünde eine Kerze, um deine Absicht zu festigen und diesen Moment als etwas Besonderes zu gestalten. Man kann auch sanfte Musik erklingen lassen. Setze dich in einen bequemen Stuhl, die Füße fest auf dem Boden. Überkreuzte Beine können den Energiefluss blockieren. Lege deine Hände auf die Knie, Handflächen nach oben, atme mehrmals durch und verscheuche schwatzhafte Gedanken. Entspanne dich mit jedem Ausatmen ein wenig mehr. Bitte deinen Tierführer, dich seine Anwesenheit spüren zu lassen, und öffne dich für alles, was kommt – ein Bild, ein Name oder ein Gefühl von Nähe. Danke für sein Kommen und seine Bereitschaft, dir zu helfen. Unterbreite ihm dein Problem und lausche. Achte auf das, was dir in den Sinn kommt, und vertraue deiner Intuition. Auf diese Weise beginnen wir, unsere intuitiven „Muskeln", die wir alle besitzen, zu dehnen. Notiere die empfangenen Eindrücke. Wenn es an der Zeit ist aufzuhören, danke deinem Führer für sein Kommen und seine Unterstützung.

Da der bewusste Geist und der analytische Prozess uns manchmal daran hindern, weitere Informationen zu empfangen und zu verarbeiten, werden sie uns bisweilen im Traum übermittelt.

SCHLUSS

Jeder von uns ist ein Same, der in die augenblickliche
Schwingung unserer Welt gesät wurde. Erhöhen wir
unsere eigene Frequenz durch Wachstum, hervorgerufen
durch die Herausforderungen des Lebens, erhöhen
wir von innen heraus die Frequenz der ganzen Welt.
Wie ein einziger Tropfen Farbe in einem Glas Wasser,
verändert jede Person den gesamten Farbton. Hegen
wir Gefühle der Freude, selbst wenn wir allein auf einem
Berggipfel leben, strahlen wir eine Frequenz aus, die es
anderen erleichtert, fröhlich zu sein. Hegen wir Gefühle
des Friedens, bringen wir eine Frequenz zum Klingen,
die dazu beiträgt, Kriege zu beenden. Wenn wir lieben,
helfen wir jenen, denen wir begegnen, und jenen, denen
wir niemals begegnen, zu lieben. Wer wir sind, ist weitaus
bedeutungsvoller als das, was wir tun.

Robert Schwarz, Your Soul's Plan

Zu wissen, dass die Verbindung zu unseren Tieren niemals abreißt, wirkt in unserem Schmerz über ihr Dahinscheiden beruhigend und tröstend. Aufgrund der unterschiedlichen Lebensspanne mag es im Leben eines Menschen mehrere Tiere geben. Andererseits besteht die Möglichkeit, dass sie jederzeit zu uns zurückkommen können. Als Beispiel möchte ich meine eigene Tierfamilie anführen. Sie inspiriert und unterstützt meine Arbeit und erinnert mich fortwährend an Gegebenheiten, mit denen meine Klienten und wir alle uns auseinandersetzen müssen. Diese Erfahrungen haben meine Überzeugung hinsichtlich unserer tiefen Verbindung und der Gewissheit bestätigt, dass der Tod auch Leben ist, nur in einer anderen Dimension.

„Schade um die jungen Kätzchen!", hörte ich jemanden sagen, als ich im Postamt in der langen Warteschlange stand. „Ich vermute, man wird sie alle ertränken, wenn niemand sie nimmt. Sie sind ein bisschen wild. Ich weiß nicht, was ihrer Mutter zugestoßen ist." Ich reckte mich, um zu sehen, wer da sprach, und entdeckte ganz vorne einen Rentner, der sich mit einer etwa gleichaltrigen Frau unterhielt. Ich ging zu ihm und erfuhr, dass die Kätzchen in einem Garten unter einem Busch ausgesetzt worden waren. Es wunderte ihn, dass sie mitten im Winter bislang überlebt hatten. Ich bat ihn, mir die Stelle zu zeigen, da ich gewillt sei, eines der Kätzchen aufzunehmen und zu versuchen, seine Geschwister ebenfalls unterzubringen. Als wir die Stelle erreichten, sah ich unter dem Busch Silberstreifen aufblinken. Das flauschige Bündel fauchte und plusterte sich herausfordernd auf. Es besaß ein wunderschön gemustertes Fell und ungewöhnlich große Augen. Es war Liebe auf den ersten Blick. Ich rannte schnell nach Hause, eine Box zu holen, um es mitsamt seinen getigerten Geschwistern einzusammeln. Als ich in den Garten zurückkehrte, hatte sie jemand fortgenommen. Plötzlich bemerkte ich das silbern gestreifte Kätzchen am anderen Ende des Gartens unter einem Busch hervorlugen. Auf mein sanftes Locken hin getraute es sich schließlich, herauszukommen, immer näher an mich heran zu kriechen und sich von mir aufnehmen zu lassen. Ich steckte es in meinen Mantel und trug es heim.

Hätte ich damals gewusst, was aus diesem niedlichen kleinen Kater einmal werden würde, hätte ich ihm wahrscheinlich nicht so rasch ein Zuhause angeboten. Heute weiß ich, dass alles, was sich in unserem Leben ereignet, gut oder schlecht, seine Bestimmung erfüllt.

Ich staune immer wieder, in welcher Weise das Universum die Wiedervereinigung von Seelen orchestriert und wie sehr sich unsere Tierfreunde einsetzen, uns wiederzufinden und die gemeinsame Seelenreise fortzusetzen.

Zappa

Zappa, wie ich den kleinen Kater nannte, lebte sich bei uns ein und wurde sehr anhänglich. Ich hatte mir vorgenommen, ihn zur gegebenen Zeit kastrieren zu lassen, doch mein damaliger Partner widersprach. Er war der Meinung, ich solle ihn „ganz" lassen. Dummerweise, so denke ich heute, ließ ich mich darauf ein. Leider bedeutete dies, dass Zappa rund ums Dorf sein Territorium markierte, bei den Nachbarn eindrang, das Futter ihrer Katzen stahl und seinen Duft versprühte. Schließlich beschloss ich, ihn zum Tierarzt zu bringen und kastrieren zu lassen, ohne meinen Partner vorher zu informieren. Aber ehe es dazu kam, nahm dieser die Dinge selbst in die Hand und erschoss meinen reizenden Kater. Es erübrigt sich wohl zu erwähnen, dass unsere Partnerschaft bald darauf zerbrach. Ich war entsetzt. Dieses schöne Tier hatte sich uns so liebevoll anvertraut, und der Mensch zahlte es ihm auf diese Weise heim. Ich trauerte um ihn und die schreckliche Art, in der er sein Leben verloren hatte.

Jahre später, mein ältester Sohn ging zur Grundschule, erzählte ihm sein bester Freund, dass die Katze seiner Mutter Junge geworfen hatte. Als er aus der Schule kam, fragte mich mein Sohn, ob er ein Kätzchen haben dürfe. Ich versprach ihm, den Wurf gemeinsam anzuschauen. Das hübsche, silbern gestreifte Junge war bereits vergeben. Ein anderes Kätzchen zog jedoch meine Aufmerksamkeit auf sich. Scheinbar sehr selbstsicher, kletterte es eifrig auf meinen Schoß und schaute mir in die Augen. Irgendetwas in diesen Augen weckte eine Erinnerung in mir, und ich wusste, er gehört zu uns. Wir nannten ihn Zappa, nach seinem Vorgänger. Daheim angekommen, marschierte er ins Haus, spuckte und fauchte unseren betagten Collie an, pinkelte in sein Katzenklo und ließ sich nieder, als gehöre ihm der Platz. Er war nie ein Kater zum Schmusen und nur anhänglich, wenn es ihm passte. Er schien so seine „Macken" zu haben. Wenn Besucher ihn, trotz unserer Warnung, streichelten, schnurrte er, um sie im nächsten Augenblick anzugreifen, was nicht selten mit blutigen Kratzern endete. Kinder duldete er, solange sie ihm Respekt erwiesen, mahnte sie aber, wenn sie seinem Empfinden nach in der Art, in der sie mit ihm umgingen, eine unsichtbare Linie überschritten hatten. Wir liebten ihn wegen seines Charakters und seiner Stärke. Als er das Alter erreicht hatte, ließen wir ihn kastrieren, was sich auf seine Meinung über die Menschen nicht auswirkte. Ich hatte eher den Eindruck, dass wir bei ihm lebten, anstatt umgekehrt. Als ich Jahre später meine telepathischen Fähigkeiten neu entdeckt hatte, fragte ich ihn, warum er oft so übel gelaunt sei. Kurz und bündig erwiderte er: „Nun, ihr habt mein Leben unterbrochen – was erwartet ihr?" Ich versuchte, ihm zu erklären, dass ich mich gerade bemüht hatte, eine Wiederholung der Probleme zu vermeiden. Diesen Punkt unserem lebhaften, schrulligen Kater verständlich zu machen, erwies sich als äußerst schwierig.

Abgesehen von kleinen Problemen, liebten und respektierten wir diesen Kater fast siebzehn Jahre lang. Er gehörte einfach dazu. Doch an einem Wochenende bemerkten wir, dass er zu stolpern begann. Sein Zustand verschlechterte sich. Die linke Gesichtshälfte schien eingefallen zu sein. Er litt unter Gleichgewichtsstörungen. Er taumelte. Sein linkes Auge begann zu zucken. Der Tierarzt vermutete einen Schlaganfall und verabreichte ihm einige Medikamente. Da sich das Tier nicht erholte, trafen wir die einzig mögliche Entscheidung. Ein friedliches Lächeln schien auf seinen Zügen zu liegen, als wir ihn nach Hause brachten, um ihn zu begraben. Ich bat ihn, möglichst zu uns zurückzukommen, und dankte ihm, dass er sein Leben mit uns geteilt hatte. Als er noch lebte, besaß er einen sehr eindrucksvollen Schnurbart, der sich spreizte, wenn er einen guten Happen in der Nähe roch. Während ich sprach, sah er genauso aus. Ich streichelte ihn und versuchte, die Erinnerung an das hübsche Gesicht für immer in meinem Herzen zu bewahren.

Zappa wurde an seinem bevorzugten Sonnenplatz im Garten begraben. Eine Terracotta-Tafel, die meine Tochter aus Italien mitgebracht hatte, trug die Aufschrift: Attenti Il Gatto – „Vorsicht, Katze" und schmückte sein Grab in ehrendem Andenken an sein lebhaftes Wesen.

Nach siebzehn Jahren Gemeinsamkeit hinterließ Zappas Abwesenheit eine große Lücke. Selbst die Hunde, die er mit eiserner Pfote regiert hatte, schienen ihn zu vermissen. Wenige Monate später weilte ich bei meiner befreundeten Tierärztin und erwähnte den traurigen Verlust. Judith lächelte und meinte, ich solle einmal in die Schachtel in ihrer Küchenecke schauen. Dort lag ein frischer Wurf Katzenjunge. Die Mutter war eine silbern getigerte flauschige Katze von wunderbarem Wesen, der Vater ein herrenloses oder verwildertes Tier. Ich erinnerte mich, dass Zappas

Vater ebenfalls herrenlos gewesen war. Judith bot mir an, zur gegebenen Zeit eines der jungen Kätzchen zu wählen. Ein kleiner Kater mit silbern getigertem Fell hatte es mir besonders angetan. Jedes Mal, wenn ich Judith besuchte, schien er sich von seinen Geschwistern abzuheben. Dann kam der Tag, an dem ich ihn abholen konnte.

Giza

Judith begrüßte mich mit den Worten: „Ich hoffe, du bist bereit dazu. Er ist ein Schlägertyp!" Als ich die Küche betrat, schwang sich mein Kater gerade vom Ohr eines alten, äußerst geduldigen Spaniels. Zappa war zu mir zurückgekommen. Dieser „neue Zappa" schien die Selbstsicherheit und Verachtung des alten zu besitzen. Ein Junges aus dem Wurf war übriggeblieben. Als ich sah, wie sich mein Kater an es schmiegte, nahm ich sie beide mit nach Hause. Der neue Zappa verhielt sich genauso wie der alte. Er spukte die Hunde an, die ihn sofort zu erkennen schienen, und sich der neuen Machtverhältnisse bewusst wurden.

Der andere kleine Kater schaut zu mir auf. Ein seltsames Gefühl erfasste mich, gefolgt von der Botschaft, dass es sich um Anneka handelte, meine ehemalige Ziege, die mir von geistiger

Ebene aus angekündigt hatte, dass sie als Kater zurückkommen
werde, den ich Thebes nennen sollte. Sie wünschte, als Haustier
wiederzukommen, um mit mir im Bett schmusen zu können, was
sie bereits als Ziege gerne gemacht hätte, hätte man es ihr erlaubt.
Wir beschlossen, unseren neuen Zappa Giza zu nennen. Dieser
Name mit seinen Buchstaben A und Z ähnelte dem Namen Zappa
und bildete eine gewisse Kontinuität.

Anneka)

Giza entspricht mehr und mehr seiner früheren Inkarnation, nur
ist er diesmal sehr viel liebevoller und weniger aggressiv. Dies
lässt mich hoffen, dass die vergangenen Wunden geheilt sind und
wir ruhige Jahre vor uns haben. Thebes hängt wie eine Klette an
mir. Anneka verhielt sich damals ebenso. Es besteht eine erstaunlich enge Beziehung zwischen uns. Er besitzt eine löwenartige
Haltung, und Anneka fiel durch ihre intensiv gelben Augen auf.
Eines Tages erkannte ich die Beziehung. In einem früheren Leben musste sie eine Löwin gewesen sein. Wahrscheinlich sind wir
beide Löwen gewesen. Die starke Liebe, mit der die Tiere unse-

re Verbindung aufrechterhalten, überwältigt mich immer wieder. Die beiden Kater haben mir geholfen, meine Heilbehandlungen bei Menschen zu beginnen. In einem Fall konnte ein sehr traumatisches Erlebnis aus einer früheren Inkarnation aufgearbeitet werden.

Giza und Thebes

Während dieser Sitzung saß Thebes nahe der Klientin, die erklärte, sie könnte seine Pfote auf ihrem Fuß spüren. Als sie hinschaute, sah sie nicht die zierliche Pfote eines Haustieres, sondern eine riesige Löwentatze.

Leider kam Thebes vor kurzem auf der Straße ums Leben. In derartigen Situationen fragt man sich, warum dies geschehen muss. Thebes war noch so jung. Eine solche Vergeudung von Leben! Man vermisst den physischen Kontakt, wenn ein geliebtes Wesen von einem geht. Thebes erklärte mir aus der geistigen Welt, dass er in seiner physischen Form den Herausforderungen nicht gewachsen war, da er zu viel von dem Leid der Welt auffing. Obwohl er äußerlich ein draufgängerischer Mäusefänger war, hatte ich stets das Gefühl, dass ein Aspekt in ihm für diese Welt zu sanft war. Er meinte, da er auf der geistigen Ebene sein Energiefeld ausdehnen könne, sei er in der Lage, einen größeren Beitrag in Bezug auf Heilung und Führung zu leisten. In diesem Leben mit mir bewies er bereits im Alter von zwei Monaten seine Heilfähigkeiten. Obwohl mir seine physische Anwesenheit fehlt, spüre ich ihn in meiner Nähe. Ich freue mich darauf, wenn er mich auch in zukünftigen Verbindungen an seiner Weisheit teilhaben lässt. Ich liebte Anneka, seine frühere Inkarnation, über alles. Auch sie zeigte eine gewisse Fragilität. Manchmal möchten oder können wir nicht das Risiko eingehen, unser Herz für noch mehr Schmerzen zu öffnen. Doch welch ein Segen ist die Liebe unserer Tiere! Ich möchte sie um nichts in der Welt vermissen. Ich hoffe, das Thebes mich auch weiterhin bei schwierigen Klienten führen wird, um sie zu trösten und zu beruhigen. Er schenkte mir so viel Liebe, schnurrte und drängte sich in mein Herz, um für immer dort zu bleiben.

Thebes in meinem Behandlungszimmer

Katzen hinterlassen die Spuren
ihrer Pfoten in unserem Herz.
– Anonymer Verfasser –

Als mein Hund Pillow starb, fühlte ich, dass sie die irdische Ebene verlassen hatte, damit unser Hund Winnie in unser Leben eintreten konnte. Ich bin mir sicher, dass sie eine Reinkarnation unseres Hundes „Auntie Weazle" ist.

Eines Tages saß mein Sohn bei seinen Hausaufgaben am Tisch. Winnie hockte unter dem Stuhl, was mir merkwürdig erschien. Plötzlich begann sie heftig zu zittern. Da ich dies noch niemals bei ihr erlebt hatte, sorgte ich mich und fragte sie in Gedanken, was ihr fehle. Sie „antwortete", es gebe etwas, das mein Sohn mir nicht erzähle. Sie mache sich Sorgen um ihn. Als ich meinen Sohn darauf ansprach, reagierte er wie ein typischer Teenager und murmelte vor sich hin, es sei alles in Ordnung. Ich ermutigte ihn, auszusprechen, was ihn bedrücke, da wir es nicht zulassen konnten, dass Winnie sich sorgte und so zitterte. Schließlich erzählte er mir von seinen Schwierigkeiten in der Schule, dass er fürchtete, das Examen nicht zu bestehen. Winnie wedelte mit dem Schwanz und blickte recht zufrieden drein.

Auntie Weazle

Nachdem mein Sohn Nachhilfeunterricht erhält, sehen die Dinge besser für ihn aus. Winnie lässt mich immer wissen, wenn er einen schlechten Tag oder irgendwelche Probleme hat. Einmal berichtete sie mir sogar, dass er seine Zähne nicht geputzt hatte. Es traf tatsächlich zu. Mein Sohn ist nicht sonderlich erfreut, dass sein Freund ihn „verpfeift". Aber er liebt Winnie und hegt und pflegt sie. Sie hilft mir bei meinen Tierkommunikations-Kursen und erstellt jedem ein „Reading" oder bringt manchmal sogar das geliebte Tier des Teilnehmers aus der geistigen Welt.

Samstagabend setzt sie sich meistens gegen sechs Uhr ans Fenster, das den Blick zur Einfahrt freigibt. Um diese Zeit bringt der Vater meines Sohnes ihn zurück. Winnie ist der Inbegriff an Sanftmut und Fürsorge. Ich bewundere die unerschütterliche Liebe der Tiere. Teazle, mein kleiner Terrier, ist nach langer Zeit zu mir zurückgekehrt.

Teazle
Bedingungslose Liebe hinterlässt Haare
und den Geruch nach Hund.
– Teazle –

Sie bestand darauf, während einer Craniosakral-Behandlung durch meine Freundin Anna bei mir zu sein. Seltsamerweise versuchte sie, auf meinem Kopf zu sitzen, was mich störte. Ich schlug vor, den Hund draußen vor der Tür warten zu lassen. Anna überraschte mich mit ihrem Nein. Teazle sollte bleiben. Es ist mir niemals leichtgefallen, mit Teazle zu kommunizieren, da wir gefühlsmäßig eng miteinander verbunden sind und ich weiß, dass sie physische und emotionale Probleme von mir übernimmt. Dies beunruhigt mich, da ich nicht möchte, dass sie meinetwegen leidet. Andererseits weiß ich, dass sich unsere Tiere mitunter unglaublich verpflichtet fühlen, unsere physischen Beschwerden auf sich zu nehmen.

Madeleine mit Teazle und Winnie

Ich war allerdings nicht darauf vorbereitet, was Anna uns über meine enge Verbindung mit Teazle offenbarte. Während sie mich behandelte, sprach sie von seltsamen Bildern, die sie innerlich zu

sehen begann. Teazle zeigte ihr unsere Seelenverbindung, Licht-
jahre zurückliegend und von anderen Planeten. Dies bewegte mich zutiefst, und ich fragte mich, warum sie nach all dieser
Zeit zu mir zurückkommen wollte. Ich hatte sie immer meinen
„Teddy" genannt. Sie wich niemals von meiner Seite und wollte
ständig auf meinem Schoß sitzen. Mein Mann hatte sie mir zum
Geburtstag geschenkt, das schönste Geschenk, das ich mir wünschen konnte.

Es gibt noch ein weiteres Tier, das sich unerbittlich bemühte, zu
mir zurückzukehren.

Man rief mich auf einen Hof, um nach einem Pony zu sehen,
das unter Verhaltensstörungen litt. Nach der Behandlung
schaute ich zu einem anderen Stall hinüber, in dem sich ein
junges Pferd mit der unglaublichsten Zeichnung, die ich jemals gesehen hatte, an die Rückwand drängte und trotzig
zurückblickte. Ich fragte die Besitzerin nach dem Tier, die mir
erzählte, dass sie das Pferd erst kürzlich von einem anderen
Hof gekauft hatte, da es ihr leid tat. Der Hengst befand sich
in erbärmlichem Zustand und schien eine schlechte Meinung
von den Menschen zu haben. Von jenem Tag an geisterte das
verängstigte gefleckte Pferd durch meine Gedanken. Es ging
mir nicht aus dem Kopf. Tag und Nacht stand mir sein Bild
vor Augen. Eines Tages konnte ich nicht umhin, die Besitzerin, eine Pferdehändlerin, anzurufen und sie zu bitten, mir das
Vorkaufsrecht einzuräumen, sollte sie das Pferd jemals verkaufen wollen. Mein Haus stand zum Verkauf, und ich hatte
weder Zeit noch Geld, zu jenem Zeitpunkt ein Pferd aufzunehmen. Ich erklärte ihr meine Situation. Zu meiner Überraschung
meinte sie, sie wolle das Pferd für mich halten, da es nicht
eilte, das Tier zu verkaufen.

Der Hausverkauf fiel ins Wasser. Ich konnte nicht einmal daran
denken, mir wieder ein Pferd zuzulegen. Ich rief die Händlerin

an und meinte, das Pferd bedürfe einer neuen, dauerhaften Bleibe und sollte nicht warten müssen, bis sich meine Lage vielleicht änderte. Aber das Universum hatte andere Pläne. Als ich den Hörer auflegte, hatte ich einem Kaufpreis und der Zahlung für die vorübergehende Pflege zugestimmt, ohne bis heute zu wissen, wie dies geschehen war. Das kleine Pferd hatte natürlich alles dahingehend arrangiert. Ich fand jemanden, der es zu sich nahm, und bat, es auf natürliche Weise zuzureiten, nicht auf die traditionelle Art, da diese bei früheren Versuchen fehlgeschlagen war. Leider weigerte sich das Pferd auch in diesem Fall. Ich zog einen Schamanen hinzu, der mir den Grund erklärte. Das Tier war eine Reinkarnation meines Pferdes, das ich als indianische Medizinfrau geritten hatte. Es musste bei seinem indianischen Namen gerufen werden, damit es sein Verhalten änderte. Ich fragte meinen Freund, wie ich um alles in der Welt den Namen finden sollte. Er meinte, er werde mir schon einfallen.

Eines Tages kamen mir einige seltsame Wörter in den Sinn: Wah Chee Hah – Donnerpferd. Mein Freund bestätigte, dass es sich um indianische Worte handelte. Der Name war gefunden. Da ich meine finanzielle Lage immer noch nicht überblicken konnte, fragte ich eine Klientin, ob sie an einem kleinen gefleckten Pferd interessiert sei. Zu meiner Überraschung fragte sie: „Was, Wah Chee?"

Ich weiß nicht, warum ich sie fragte, da sie ausschließlich intelligente Dressurpferde besaß und mir erst kürzlich erzählt hatte, dass sie „farbige" Pferde nicht möge. Wah Chee hatte offenbar alles in der Hand. Die Klientin gestand mir, dass sie vom ersten Augenblick an, da ich ihn erwähnt und sie sein Bild auf meiner Website gesehen hatte, nicht aufhören konnte, an ihn zu denken. Eine geheime Kraft habe sie sogar mindestens einmal täglich das Bild anschauen lassen. Ich war begeistert und wusste, dass sie ihm das Zuhause geben würde, das ich ihm zu jenem Zeitpunkt nicht bieten konnte. Gemeinsam mit einer kastanienbraunen Stute als Freundin lebt er im Luxus. Seine einzige Aufgabe besteht darin, seine Besitzerin und mir bei unseren Problemen zu helfen, wenn wir ihn darum bitten.

Wah Chee

Es gibt eine Vielzahl von unterschiedlichen Wesen, die auf diesem Planeten miteinander leben. Ich glaube, dass wir alle Teil des „einen" Kollektivbewusstseins sind. Ich glaube, dass wir zahlreiche Inkarnationen durchwandern, nicht nur als Wesen von anderen Planeten, sondern in vielen verschiedenen Gestalten und auf unterschiedlichen Schwingungsebenen, um auf der Seelenebene zu wachsen. Ich glaube, wir benötigen die Erfahrung unterschiedlich schwingender Körper, um unseren wahren Lichtkörper zu entfalten und zu verankern. In manchen Leben sind wir erleuchtete Wesen, während wir uns in anderen auf einer entschieden niedrigeren Schwingungsstufe befinden und keinerlei spirituelle Bestrebungen zeigen. Beides gehört zu unserer Seelenreise.

Seelen in Tierform durchleben diese Schwingungen, um unterschiedliche Facetten des Seins kennenzulernen und zu erfahren.

171

In mancher Hinsicht scheinen Tiere bewusster zu sein, da sie ihre instinktiven oder intuitiven „Antennen" nicht unterdrückt oder eingeschränkt haben, wie dies bei den Menschen gewöhnlich der Fall ist. Die alten Stammeskulturen kommunizierten mit jedem Aspekt der Natur, da sie glaubten, dass alles eine Seele oder seine spezielle Energie besitzt. Sie waren auch über weite Strecken hin der telepathischen Verständigung mächtig. Das Konzept der Telepathie war damals eine Selbstverständlichkeit.

Bei der Rückführung können Leute zu früheren Inkarnationen ihres jetzigen Partners oder zu Menschen und Tieren aus diesem Leben sowie zu schwierigen Situationen Kontakt aufnehmen. Erkennt man die Verbindungslinien, können der Heilungsprozess und die Aufarbeitung von Problemen eingeleitet werden.

Viele Religionen glauben, dass die einzelnen Spezies austauschbar und wir alle untrennbar miteinander verbunden sind. Sollte dies zutreffen, erklärt es sich, dass das Tier vieles von dem wahrnimmt, was sich in seinem Umfeld abspielt. Sie erfassen und verstehen die emotionalen und physischen Probleme, die ihre menschlichen Gefährten durchleben. Wenn wir dieser Tatsache offen gegenüberstehen und uns an unsere früheren Fähigkeiten „erinnern", überrascht es nicht und bedeutet keine Herausforderung, dass wir alle zu kommunizieren vermögen. Im Westen allerdings liegt die Betonung auf materialistischen, von der linken Gehirnhälfte gesteuerten Vorstellungen und Lebensweisen. Aus diesem Grunde haben wir oft Scheuklappen an und beschränken unsere intuitiven Kräfte.

Als Mensch und Tier befinden wir uns auf unserem Pfad der Erleuchtung. Wir sollten lernen und uns der Segnungen unserer Wanderschaft erfreuen. Meine Tiere und all die wunderbaren Geschöpfe lehren mich, demütig und dankbar mit ihnen zusammenzuarbeiten. Ich danke ihnen für ihre Geduld und Liebe. Ich stehe ewig in ihrer Schuld, dass sie mich an ihrer Weisheit haben teilnehmen lassen. Ich bete, dass auch du dich eingehüllt weißt in der Weisheit und Liebe unserer Seelenfreunde aus dem Tierreich.

Danksagungen

Mein besonderer Dank gilt dem Verlag Findhorn Press, der meine Arbeiten veröffentlicht und mir hilft, den Stimmen und Botschaften der Tiere Gehör zu verschaffen. Ich danke Sabine, Thierry, Carol, Gail und Jacqui für ihre Unterstützung sowie Jenny Smedley, die freundlicherweise das Vorwort zu diesem Buch schrieb, zu dem sie mich anregte. Ich danke Thea Holly für ihre Weisheit und dass sie mich an ihren Heilmethoden Anteil haben ließ, die meinen Klienten so sehr geholfen haben. Dank an Robert Schwartz, auf dessen aufschlussreiches Buch ich mich berufen durfte. Nicht zuletzt möchte ich meinen Klienten und Freunden danken, die mir die Erlaubnis gaben, ihre Geschichten, die veranschaulichen, wie unglaublich Tiere sind, in dieses Buch einfließen zu lassen. Einige Namen wurden geändert. Danke Flick Cromak, Victoria Standen, Pam Lovett, Leigh Jackson, Sera Henbest, Sylvia Davalos, Fiona Habershon und Cynthia Starkey für die Überlassung der Fotos.

Meinen vergangenen und gegenwärtigen Tieren, die mir versichern, dass wir unseren Weg immer wieder gemeinsam nehmen und nichts „verloren"geht (Danke, Pillow!), möchte ich für ihre fortwährende Unterstützung und Führung danken. Seit der Jack Russell Sam mich auf die Möglichkeit aufmerksam machte, mit Tieren zu kommunizieren und von gemeinsamen vergangenen Leben zu erfahren, habe ich unendlich viel dazugelernt. Ich hoffe, ich werde meinen Tier-Lehrern gerecht, wenn ich mich unermüdlich darum bemühe, das allgemeine Bewusstsein für die Notwendigkeit zu heben, von den Tieren zu lernen. Ich frage mich, wohin mein Leben ohne jenen schicksalhaften Tag in der Bauernhausküche geführt hätte, als ich den winzigen Welpen liebkoste, der mein Leben grundlegend veränderte!

Eine kostbare Freundin

Heute habe ich eine kostbare Freundin verloren,
die kleine Hündin, die ihren Kopf
sanft auf meine Knie legte
und ihre stillen Gedanken mit mir teilte...
Sie wird nicht mehr auf mein Rufen hören,
nicht mehr ihren Lieblingsball zurückbringen. Eine
Stimme, mächtiger als die meine,
hat sie zu Seinem goldenen Thron gerufen.
Mit tränenerfüllten Augen danke ich Ihm für die
glücklichen Jahre, die Er sie mir hier unten gab,
für ihre Liebe und ihre Loyalität.
Wenn für mich die Zeit gekommen ist, sie dort wieder zu
treffen, weiß ich, dass ich die Dunkelheit
des Übergangs nicht fürchten werde,
denn sie wird mich bellend empfangen.

Kontakt zur Autorin: www.anexchangeoflove.com

Stefano Apuzzo / Monica D´Ambrosio
Auch Tiere haben Seelen
Taschenbuch, 286 Seiten
ISBN 978-3-89427-470-2
Sind unsere vierbeinigen Freunde unsterblich
und sehen wir sie im Jenseits wieder?
Die Autoren dokumentieren anhand einer Fül-
le von faszinierenden Beiträgen die geistigen
Wirkkräfte in den Seelen der Tiere und ihre
Bedeutung für den Menschen. Vor allem aber
zeigen sie die Aufgaben des Menschen in der
Betreuung jener kleinen Mitgeschöpfe auf, die
ihm vom Göttlichen Plan in
die Obhut gegeben worden sind. Besonders be-
rührend in diesem bewegenden Werk sind die
vielen Erfahrungsberichte über die Tiere im Jenseits.

Bill Schul
PSI bei Tieren
Die unglaublichen Fähigkeiten
in der Tierwelt
ISBN 978-3-89427-597-6
Paperback, 240 Seiten
Jeder, der schon einmal ein Haustier hatte,
dürfte sich darüber gewundert haben, dass
sein Hund oder seine Katze bestimmte
Geschehnisse geradezu vorausgeahnt
zu haben schien. Haben Tiere einen
„Sechsten Sinn"? Die Antwort dieses
Buches lautet ganz unmissverständlich:
„Das haben sie tatsächlich!"Bill Schul hat in diesem Werk die
unglaublichsten Berichte über die paranormalen Fähigkeiten der Tiere
zusammengetragen. Im Tierreich gibt es offensichtlich Fähigkeiten,
die weit über jenen der Menschen liegen. Tiere verfügen über
Hellsichtigkeit, über ein Wahrnehmungsvermögen, das Zeit und Raum
übersteigt und über eine phänomenale Gabe der Vorahnung. Alle diese
Begabungen und noch weitere seelische Kräfte dokumentiert dieses
aufrüttelnde Buch. Tiere sind unendlich viel begabter, als die meisten
Menschen annehmen. Nach der Lektüre dieses Buches wird dieses
Defizit behoben sein!

AUCH TIERE HABEN SEELEN

Gisa Genneper/Rolf Kamphausen
Wenn Tiere ihre Menschen spiegeln
Wie Haustiere unsere Probleme
übernehmen
ISBN 978-3-89427-557-0
Paperback

Rolf Kamphausen ist verblüfft über eine
scheinbar seltsame Parallelität zwischen den
Krankheiten von Tieren und ihren Besitzern,
bis er eines Tages die Gesetzmäßigkeit erkennt, dass Tiere ihre Herrchen und Frauchen spiegeln!
Nachdem er den Schlüssel zum Verständnis
der geheimnisvollen Verbindung zwischen
Mensch und Tier gefunden hat, erschließen sich ihm Schritt
für Schritt die Spiegelgesetze im Krankheitsverhalten der beiden. Er entdeckt die Geheimnisse der „Organsprache" und vermag so den Tierhaltern eigene Problemfelder aufzuzeigen, die
diesen noch nicht einmal aufgefallen waren.
Ein weiterer Meilenstein zum Verständnis des Tierreiches und
seiner schicksalhaften Verbindung mit der Welt der Menschen!

Sabine Arndt/Petra Kriegel
Wenn Tiere ihren Körper verlassen
ISBN 978-3-89427-626-3
Taschenbuch

Der Tod eines geliebten Haustieres ist für
viele Menschen ein häufig sehr schmerzhaftes
Geschehen. Zum einen verlieren sie einen
treuen Freund, zum anderen fehlt oft das Wissen, dass auch Haustiere eine Seele haben,
die in einer anderen Welt weiterlebt. Die Tier-
Heilpraktikerinnen Sabine Arndt & Petra
Kriegel haben einen liebevollen und überaus
einfühlsamen Wegbegleiter verfasst, um den
Übergang der Tiere in die jenseitige Welt zu
erleichtern – für das Tier und für den Menschen. Dieser wertvolle Ratgeber schildert im
Einzelnen die verschiedenen Sterbephasen und welche Hil-
festellungen man den Tieren dabei jeweils geben kann. Dazu
kommen hilfreiche Tipps und Rituale für diejenigen, die ein
Tier während der Loslösung von seiner körperlichen Hülle
begleiten. Ein segensreiches Buch, das auf wunderbare Weise
Trost und Inspiration schenkt!Mensch und Hund, von Hund
und Mensch!